BION EM NOVA YORK
E EM SÃO PAULO

Blucher

BION EM NOVA YORK
E EM SÃO PAULO

Wilfred R. Bion

Consultoria editorial
Francesca Bion

Tradução
Paulo Cesar Sandler

Título original: Bion in New York and São Paulo
(The Complete Works of W. R. Bion, vol. VIII)

Bion em Nova York e em São Paulo

© 2014 The Estate of W. R. Bion

© 2020 Editora Edgard Blücher Ltda.

Publicado originalmente por Karnac Books mediante acordo com Paterson Marsh Ltd e Francesca Bion.

Blucher

Rua Pedroso Alvarenga, 1245, 4º andar
04531-934 – São Paulo – SP – Brasil
Tel.: 55 11 3078-5366
contato@blucher.com.br
www.blucher.com.br

Segundo o Novo Acordo Ortográfico, conforme 5. ed. do *Vocabulário Ortográfico da Língua Portuguesa*, Academia Brasileira de Letras, março de 2009.

É proibida a reprodução total ou parcial por quaisquer meios sem autorização escrita da editora.

Todos os direitos reservados pela Editora Edgard Blücher Ltda.

Dados Internacionais de Catalogação na Publicação (CIP)
Angélica Ilacqua CRB-8/7057

Bion, Wilfred R. (Wilfred Ruprecht), 1897-1979
Bion em Nova York e em São Paulo / Wilfred R. Bion ; tradução de Paulo Cesar Sandler ; colaboração e revisão técnica Francesca Bion. – São Paulo : Blucher, 2020.
226 p.

Bibliografia
ISBN 978-85-212-1917-0 (impresso)
ISBN 978-85-212-1918-7 (eletrônico)

1. Psicanálise. I. Título. II. Sandler, Paulo Cesar. III. Bion, Francesca.

20-0264   CDD 150.195

Índice para catálogo sistemático:
1. Psicanálise

Conteúdo

Prefácio da edição inglesa 7
Nota do autor 9

Nova York, 1977 – Cinco palestras 11
Introdução 13
Primeira 15
Segunda 35
Terceira 57
Quarta 83
Quinta 103

São Paulo, 1978 – Dez palestras 131
Introdução 133
Primeira 135

Segunda	143
Terceira	153
Quarta	163
Quinta	173
Sexta	183
Sétima	191
Oitava	201
Nona	211
Décima	219

Prefácio da edição inglesa

Wilfred Bion faleceu em 8 de novembro de 1979, em Oxford (Reino Unido), menos de uma semana após receber um diagnóstico de leucemia mieloide. O conteúdo deste livro foi aprovado por ele em 1978.

Duas séries de discussões formam um contraste revelador: a série de 1978 consistiu na terceira visita de Bion a São Paulo e a quarta ao Brasil, por essa razão, seu método de apresentar os assuntos era familiar ao público. Já a visita a Nova York (Estados Unidos), em 1977, foi sua primeira.

Deve-se admitir que, para aqueles que procuram respostas prontas e acabadas, o método de Bion era inexplicável, frustrante e irritante. Ele era alguém versado em seu assunto, excepcionalmente articulado e, portanto, plenamente capacitado para provar a seus inquisidores aquilo que precisavam ouvir – e ele sabia disso. Entretanto, Bion, firme no respeito pela verdade, não podia ser persuadido a ir contra seguir um curso em que não poderia respeitar a si mesmo. Acreditou que *"la réponse est le malheur de la question*,[1] tanto em sua vida profissional como em sua vida privada. Problemas estimulavam seu pensamento e argumentação – nunca suas respostas. Suas réplicas – melhor dizendo, paracontribuições – eram como extensão das questões, a despeito da aparente irrelevância. Um ponto de vista melhor pode ser apresentado em suas próprias palavras:

> *Não sei a resposta a essas perguntar. Se soubesse, não lhes diria. Acho importante que os senhores encontrem respostas por si mesmos.*
>
> *Vou dar-lhes uma chance de preencher o vácuo que deixei.*
>
> *Penso que não importa minha explicação. Chamaria a sua atenção para a* natureza *do problema.*
>
> *Quando sinto uma pressão – seria melhor ficar preparado, caso me façam perguntas –, digo: "Às favas com isso, não vou procurar esse negócio em Freud nem em qualquer outro lugar, nem mesmo na minha afirmação anterior – vou tolerar a pergunta". No entanto, vai ficar claro que estou pedindo que os senhores também a tolerem.*

Francesca Bion

---

1 Em tradução livre, "A resposta é o infortúnio da pergunta". Essa citação de Maurice Blanchot (1907-2003), uma das preferidas de Bion em seus anos finais e presente em boa parte das palestras, pode ser encontrada também na obra *Uma memória do futuro*, v. III, 1979, advinda de uma conversa com André Green, utilizada pela editora. [N.T.]

Nota do autor

Agradeço a todos que participaram destas discussões com suas objeções e concordâncias. Muitos dos eventuais leitores entenderão minhas respostas como inadequadas e incompletas. Preciso admitir sua inadequação; considero como virtude sua incompletude, especialmente se estimularem o leitor a completar as respostas. Desejo que desfrutem a leitura como eu tenho prazer em falar; caso a leitura incite o sono, gostaria de desejar "bons sonhos; acordem com ganhos".

W. R. B.

Nova York, 1977
Cinco palestras

Introdução

Estas conversas, em abril de 1977, ocorreram em cinco tardes consecutivas de palestras sob os auspícios do Instituto para Pesquisa e Treino Psicanalítico (Institute for Psychoanalytic Training and Research; IPTAR). Havia dois grupos de participantes: um deles compareceu às palestras um, três e cinco; o outro grupo foi às palestras dois e quatro. Suprimi certas impressões e repetições, inevitáveis em apresentações de improviso. No entanto, espero que o registro impresso não esteja distorcido. Posteriormente, acrescentei passagens, marcadas por colchetes.

Primeira

Bion. Bem, aqui estamos.

Mas onde é "aqui"? Recordo-me dos tempos em que estive em um endereço – há mais ou menos setenta anos – que denominei "Newburry House, Hadam Road, Bishops Stortford, Hertfordshire, Inglaterra, Europa". Outro garotinho me disse: "Você se esqueceu de colocar 'Mundo'". Bom, também coloquei isso. Desde então, disseram-me os astrônomos: somos parte integrante de um universo de nebulosas; nosso sistema solar pertence a uma nebulosa espiral. Astrônomos podem soltar uma observação dessas; ninguém vai dizer que estão "inventando" novas descobertas. No entanto, como assinalou Sigmund Freud, o mesmo não acontece com médicos ou psicanalistas. As pessoas dizem: "Esses médicos estão sempre inventando novas doenças; então eles as tratam. São o tipo de gente que não dá ponto sem nó". Porém, ninguém diz: "Vocês, astrônomos, inventaram um novo universo porque querem outro telescópio". Suponho que seja assim por sentirmos que não importa muito o que vem a ser o Universo.

Quero agora dar um foco mais preciso à nossa visão, eliminando elementos que julgo irrelevantes. Como analistas, olhamos para aquilo que denominamos caráter ou personalidade. Essa visão peculiar – não quero dizer que Freud a iniciou, mas foi responsável por considerável impulso – tornou-se um vasto universo de sua própria espécie. Esquecemos que a dimensão que Freud introduziu para escrutínio causou grande dose de transtorno. Perdemos essa percepção, por estarmos no centro da tormenta, inconscientes do "centro" do qual somos parte. No entanto, é com esse distúrbio que estamos preocupados.

Com o que se parece aos nossos olhos? O que esperamos ver quando, amanhã, formos para nossos consultórios? O que vamos rejeitar? Qual será nossa interpretação, nosso diagnóstico? Qual será nossa interpretação daquilo que nossos sentidos fazem dos fatos, de modo que tais fatos estejam disponíveis?

Partimos do pressuposto de que existe uma mente, uma personalidade. Com o que ela se parece? Qual é seu odor? Ela se apresenta ao nosso toque, aos nossos sentimentos? Conseguimos ter alguma sensação tátil? Sabemos que não, até o momento. Não podemos falar com aquilo que dispomos atualmente: "Andando nesta sala de olhos vendados, posso sentir uma psicose dando trombadas na minha mente". Então, o que está fazendo contato? Há algum modo de verbalizar esse tipo de coisa? Há algum modo de comunicá-la às pessoas? Por hipótese, sim. Por hipótese, podemos escrever trabalhos, podemos escrever livros sobre isso. Mas com o que entramos em contato amanhã? Podemos dizer, com base naquilo que contamos, "Já estive aqui antes, já tive esta sensação antes"? Se for assim, que sensação é esta?

Expandindo outra vez nossa visão, vamos tomar o universo inteiro – já estive aqui anteriormente. Onde? De acordo com os astrônomos, esta nebulosa espiralada da qual faz parte nosso sistema solar está girando; é um longo caminho de um lado para o outro, e um longo tempo sob nosso ponto de vista, até que estejamos outra vez no mesmo ponto – algo como vinte vezes oito milhões de anos-luz. É tanto, realmente, que, se olhamos na direção do centro galáctico, não há nada a ser visto, exceto os remanescentes da nebulosa Crab, que persiste explodindo. Pelo fato de sermos criaturas efêmeras isso nos parece imenso.

Sem nos esquecermos disso, mas usando-o como pano de fundo, vamos diminuir novamente o foco de nossa visão e olhar para a coisa pelo ponto de vista psicanalítico, microscópico. Precisamos ter alguma ideia do que vemos, daquilo com o que estamos fazendo contato, seria útil se pudéssemos sentir que há algo familiar sobre isso e dizer: "Já vi isto" ou "Já tive esta experiência".

Voltando à minha vida privada: quando eu era pequeno, adultos costumavam me ver como uma criança ímpar, pois sempre fazia perguntas. Fizeram-me recitar um poema:

Tenho seis aplicados servos

De nomes O quê, Por quê e Quando

Como, Onde e Quem;

Ensinaram-me tudo que sei.

Mandei-os para Leste e Oeste,

Mandei-os por terra e mar;

E mandei-os descansar,

Depois de tanto trabalho por mim.[1]

---

1 Rudyard Kipling, The Elephant's Child, In *Just So Stories* (tradução nossa).

Achavam muito divertido, os adultos, eu recitar este trecho do poema. Não pude ver, por mim mesmo, qual era a graça. Disseram-me que eu era igualzinho ao Bebê Elefante, que não parava de fazer perguntas. Como um idiota, perguntei mais uma vez: "Quem foi o pai do Bebê Elefante?". Pergunta que me rendeu pouca popularidade e não foi divertida. Só que eu não estava fazendo piada. Decidi que era melhor ter cuidado e não ficar fazendo muitas perguntas; levei um bom tempo para voltar a ter a ousadia de, novamente, formular questões. A pessoa que facilitou isso para mim foi John Rickman, o primeiro psicanalista que conheci. Continuo pensando desse modo – não acredito que fazer perguntas seja mais popular agora.

Voltemos ao poema simples de Kipling – "Mandei-os descansar". Quando estamos em nosso consultório com um paciente, devemos ter a ousadia de descansar. É difícil ver o que há de tão amedrontador para o paciente – e o paciente odeia isso.

Estamos sob uma pressão constante para dizer algo, para admitir que somos doutores ou psicanalistas ou assistentes sociais; para fornecer algum invólucro para colocar algo completo e rotular esse algo. Então, o paciente tenta diagnosticar o analista; o analista espera ter alguma chance de "ver um padrão emergir". Uso deliberadamente essa expressão; Freud ficou muito impressionado com o uso que Charcot fez dela.[2]

Nossa atenção deve focar o indivíduo. Não é bom ficar falando sobre o universo astronômico; ou do cosmos. No entanto, há perigo na sugestão de que temos preconceito: somos pessoas a favor de respeitar indivíduos, pois uma postura contrária não é facilmente tolerada pelo grupo, pela multidão, pela nação e pela etnia. É necessário manter clareza sobre isto: estamos envolvidos em um

---

2 Sigmund Freud, *Introductory lectures on psycho-analysis*, 1916-1917. [N.T.]

preconceito filosófico a favor de uma pessoa, a favor deste estado único: o indivíduo humano. Vai existir uma pressão emocional contra cada um de nós que ousa atribuir importância ao indivíduo; bem como contra o indivíduo que ousa ser, ele mesmo, um indivíduo. Pode ser que nos dê uma "nostalgia grupal" e retornemos a ditos como "Sou estadunidense", ou inglês, ou freudiano, ou junguiano, ou kleiniano – qualquer rótulo que seja "respeitável". Mas todo psicanalista precisa ser temerário e reunir a tenacidade e a coragem que acompanham a temeridade, para manter-se insistindo no direito de ser ele mesmo, de ter sua própria opinião a respeito dessa estranha experiência que ocorre quando se está consciente de que há outra pessoa na sala. É considerável a pressão contra isso; seus sentidos dizem que ali *é* seu consultório; você está acostumado com essas janelas desse lado, com a mobília daquele lado; há toda espécie de pressão para nos fazer sentir que estamos em casa. É difícil resistir a isso. Sugeri anteriormente: descarte de sua memória, descarte o tempo futuro de seu desejo; esqueça ambos, seja aquilo que você sabia ser ou aquilo que você quer ser, deixe espaço para uma nova ideia. Pode ser que um pensamento, uma ideia não reivindicada, estejam flutuando pela sala procurando um lar. Entre elas, pode ser que haja uma que seja sua, que pareça brotar de seu interior; ou uma de fora, ou seja, do paciente.

Eis aqui uma história desanimadora: um paciente continua vindo por cinco, dez anos. Se fôssemos honestos, diríamos, só de olhar para esse paciente, "estamos fartos desta pessoa"; se o paciente fosse honesto, diria que está farto de ouvir coisas de psicanálise ou de ver o analista. Não é educado falar desse modo; em nada ajuda.

Seria conveniente mantermos uma educação civilizada e convencional. Lançar mão da violência, como quebrar a mobília, excede os limites das condições mínimas necessárias para uma psicanálise, embora o analista possa, por certo período, tolerar tal comportamento. Espera-se que uma criança – independentemente de sua idade – comporte-se de modo razoavelmente educado. [Cada analista deve ter em mente, de modo claro, quais são as condições mínimas necessárias (CMN), para si mesmo, em que pode trabalhar com pacientes.] Ampliando mais nossa visão: tomemos um vértice biológico. Até o momento, o animal humano tem sido extremamente destrutivo; caçamos em grupos, em hordas, conseguindo exterminar a oposição de outros animais perigosos – até mesmo tigres e leões. [O analista e o analisando ficam sozinhos na mesma sala. As CMN são: ambos se comportam de modo convencionalmente educado e civilizado. Ambos são animais perigosos, portanto, podemos ver que limitações propostas pela própria psicanálise restringem o comportamento dos dois. Também indicamos (e, ainda que sem intenção, provocamos) comportamento primitivo.

A própria conversa psicanalítica é uma experiência de conflito entre os fenômenos para os quais se chama a atenção e as CMN para o trabalho. Existindo permissão para esses fatos, frequentemente não observados, *é possível entender por que analista e analisando fatigam-se pela pressão da psicanálise.*] É provável que ocorram aborrecimentos entre o analista e o analisando. Podemos usar termos técnicos como "transferência" e "contratransferência", se ficar entendido que iluminam e não obscurecem. Só que a coisa em si mesma não desaparece porque nós demos um nome a ela; seja lá como forem denominados, os sentimentos do par permanecem. Sempre se pressupõe que estamos aprendendo a nos comportar de um modo civilizado desde o momento do nascimento. Precocemente, com pouca idade, já aprendemos não apenas como *não* sermos nós mesmos, mas *quem* devemos ser; temos bem estabelecidos rótulos, diagnósticos, interpretações de quem somos.

Só que os *fatos* continuam a existir. O que o paciente fala pode ser utilizado pelo analista como uma associação livre. [Por parte do analisando, pode haver algum engano, e esse analisando pensa que é apenas um modo de ignorarmos os fatos que ele comunicou. É necessário que o analista tenha claro, em sua mente, que não é assim.] No devido tempo, emerge um padrão que, neste momento, por sua vez, pode ser interpretado. Como subproduto, o paciente pode descobrir quem realmente é. Pouquíssimas pessoas pensam que é importante ser apresentado a si mesmo; no entanto, um parceiro de quem o paciente jamais poderá se livrar, enquanto estiver vivo, é ele mesmo.

Pergunta. Como o senhor ajuda o paciente a descobrir seu verdadeiro *self*?

B. É difícil tomar de empréstimo um "sentido" recentemente desenvolvido – o da autoconsciência – para iluminar aquilo que se constitui como fundamental e básico. Tento dar a mim mesmo uma oportunidade de absorver esse "aquilo" básico. Nosso senso comum nos diz: "há uma pessoa na sala; desejo explicar o 'aquilo' básico – não o senso comum". Não posso explicar o que uma "pessoa" é, mas tenho certeza de que há tal coisa; tenho certeza sobre a inadequação para descrever aquilo que se apresenta por si mesmo a meus olhos, meus ouvidos ou aquilo que poderia ser gravado por um videoteipe.[3] Algo demasiadamente tosco; há algo além disso, na sala.

Se mostramos um papel pautado com notas para um músico, ele vai se comportar como se houvesse algo além de marquinhas

---

3 Gravações em áudio e vídeo totalmente eletrônicas e digitais eram verdades matemáticas e hipóteses tecnológicas nos anos 1970, quando estavam disponíveis apenas meios eletromecânicos, gravações videomagnetofônicas sobre películas de polietileno, denominadas "fitas" (*tape*, em inglês), para serem vistas e ouvidas (*video* and *audio*, em inglês); daí o anglicismo, hoje quase em desuso, "videoteipe" (*videotape*, em inglês). [N.T.]

e pequenos círculos, ou elipses negras sobre fundo branco. Um pintor vê um campo de papoulas – algo que todo mundo já viu[4] – e, ato contínuo, pinta um quadro. Podemos ver uma reprodução disso – não significa coisa alguma. Se vamos a Jeu de Paumes, em Paris, e olhamos o quadro original, podemos pensar: "Nunca tinha visto um campo de papoulas antes; *agora* sei como é".[5] Esse "pensamento" faz parte de uma experiência emocional; e é uma

---

4 A despeito da postura basicamente não preconceituosa mantida por Bion, por vezes, infiltra-se uma visão mais centrada naquilo que pode ser visto no hemisfério norte, como nesta afirmação. Segundo este tradutor, Bion não dispôs de interlocutores válidos, no sentido explicitamente desejado por ele – pessoas que fizessem críticas kantianas aos enunciados que fazia. Algo de que Freud e Melanie Klein dispuseram, como a verdade histórica demonstrou. No caso de Freud: Karl Abraham (conceitos de mania e depressão), Ernest Jones (conceitos de racionalização e alguns estudos de estados oníricos), Otto Rank (em relação a trabalhos de filósofos, como Schopenhauer e Nietzsche); no caso de Klein: Joan Riviere (conceito de reparação) e Elliott Jacques (conceito de gratidão, como par inescapável do conceito de inveja). Alguns que se propuseram a expandir o trabalho de Bion, como Roger Money-Kyrle, não puderam passar do estágio de comentadores. Talvez uma análise crítica de um interlocutor pudesse propor a Bion que não se trata de "todo mundo" já ter visto um campo de papoulas, mas de que a realidade demonstra que "muitas pessoas" já viram um campo de papoulas. [N.T.]

5 Bion se refere, como pode estar claro a muitos leitores deste século mundializado, a um quadro de Jean Monet, hoje parte da coleção do museu d'Orsay, em Paris (França), cujo prédio foi uma antiga estação ferroviária e um edifício governamental. A obra do museu, completada e aberta ao público após o falecimento de Bion, substituiu o antigo museu Jeu de Paumes (que significa "jogo de palmas", esporte real semelhante ao tênis) e também ganhou quadros antes expostos no Louvre. Este tradutor viveu a mesma experiência relatada na analogia metafórica e metonímica de Bion, mas no sentido inverso: nunca tendo visto nenhum campo de papoulas, viu primeiramente o quadro de Claude Monet. Poucos dias depois, exposto ao campo de papoulas, reconheceu-o como se sempre o tivesse visto por conta da vivacidade da pintura. O mesmo exemplo foi mais detalhado nos primeiros capítulos de *Transformations*, livro publicado originalmente em 1965, em Londres, pela Heinemann Medical Books, e reimpresso várias vezes por duas editoras: Jason Aronson (Nova York) e Karnac Books (Londres); uma versão do texto livre dos enganos da

experiência emocional em si mesmo, não é o relato de uma experiência. Como um grande pintor consegue usar pigmentos e tela para dar uma ideia a um número incalculável de pessoas do que é um campo de papoulas?

Shakespeare escreveu: "Rouco ficou o *raven*,[6] ao crocitar em minhas ameias, o fatídico adentrar de Duncan". Simples, todas essas palavras; pode haver algum problema em "crocitar" ou em "ameias"; no entanto, não demora muito consultar um dicionário. Mas há algo mais em "Rouco ficou o *raven*, ao crocitar em minhas ameias, o fatídico adentrar de Duncan". O que vem a ser, esse "mais"?

Estou bem cônscio de que os senhores não divisarão nenhum Shakespeare nem Monet adentrando seus consultórios; essa pessoa se disfarça de senhor ou senhora X, que mora no endereço tal. Não nos deixemos levar por isso; não nos deixemos levar pelo fato de que achamos já termos visto esse paciente anteriormente – não o vimos. Não há importância naquilo que vimos anteriormente. O que importa é aquilo que nós – o analista e o paciente – ainda não vimos. O príncipe Andrei, em *Guerra e paz*, ao ouvir outra pessoa fazendo uma observação, exclama: "Isto é verdade, aceite-o; isto é verdade, aceite-o". Nós, da mesma forma, podemos sentir: "Sim, isto é verdade. Esta interpretação é certa; esta observação é correta". Isso é contato com a *coisa em si*. Infelizmente, não ocorre com a frequência que desejamos; não é frequente o encontro entre

---

    primeira publicação está em *Complete works*, obra organizada por Francesca Bion e Chistopher Mawson, publicada pela Karnac Books, em 2014. [N.T.]

6 *Raven* é uma ave inexistente no Brasil, por vezes confundida com outro membro da mesma família, o corvo, que é menos avantajado. Por vezes predador, é visto como entidade de comportamento inteligente e malévolo; é preservado e comum em muitos lugares, sendo o mais conhecido a Torre de Londres. A citação original é: "*The raven himself is hoarse that croaks the fatal entrance of Duncan under my battlements*" (William Shakespeare, *Macbeth*, I). [N.T.]

duas personalidades. No entanto, duas personalidades podem se encontrar de modo tão suficientemente próximo para estarem conscientes de que, dentro da sala, há algo mais que um computador pode processar.

Uma criança sabe o que é ter emoções para as quais damos nomes toscos, como medo, depressão, amor, ódio. No entanto, uma criança nada sabe sobre como dar nome a essas emoções: quando dominar o discurso articulado, ela se esquece como é sentir--se criança. Então, nós, ao alcançarmos esse estágio, capacitação para discurso articulado, quase esquecemos como é o sentir do ser humano. Gastamos um número excessivo de nossos anos mais impressionáveis aprendendo como se deve ser para ser igualzinho aos outros – não nós mesmos. Na atualidade, temos demasiado dispêndio de anos na estratosfera intelectual. Só que, apesar daquilo que aprendemos, certos sentimentos "grosseiros" ainda são capazes de serem sentidos; se puder ousar, um casal analítico ainda sente amor e ódio.

O analista tenta ajudar o paciente a ousar ser ele mesmo, a ousar ter suficiente respeito pela sua personalidade para ser aquela pessoa. A experiência analítica, apesar de toda a aparência de conforto – divã confortável, cadeiras confortáveis, calor, boa iluminação – é, na realidade, tempestuosa experiência emocional para as duas pessoas. Se fôssemos um oficial em batalha, esperaríamos ser suficientemente sadios para ficarmos aterrorizados; mas também é esperado que sejamos capazes de pensar. Soa ridículo dizer que pessoas sentadas em uma cadeira confortável em tempos de absoluta paz tenham de ser capazes de algo similar ao que ocorre com um oficial em batalha – entretanto, devem ser. Espera-se do analista que se mantenha articulado, capaz de traduzir aqueles eventos dos quais se conscientiza. Isso significa que o analista precisa obter um vocabulário que o paciente possa ser capaz de compreender, caso lhe seja dada uma chance de ouvir o que o analista tem a dizer. Soa como algo absurdamente simples – tão simples que se torna difícil de acreditar o quanto é difícil.

Nossa linguagem, excessivamente desnaturada, ficou como se fosse uma moeda cujo valor apagou-se, tantas vezes submetida a atritos; ficou indistinguível de outras. "Estou terrivelmente assustado", diz o paciente. Que tal? Terrivelmente assustado. Essas palavras são lugar-comum. Entretanto, fico alerta quando ouço a palavra "terrivelmente"; penso que está muito gasta. É um tempo terrível; isto é terrível; aquilo é terrível. Falar essa palavra não significa mais nada. [Quando o paciente se torna consciente da atenção do analista, descobre um modo ainda mais secreto de dizer "terrivelmente assustado" – talvez até um "modo psicanalítico". O jogo de esconde-esconde entra em nova fase.]

P. Quando a psicanálise funciona, penso que fornece ao paciente um sentido de convicção sobre quem ele é. Sinto que nossos esforços devem dirigir-se para o que ficou perdido, para o que *não* foi enunciado.

B. O senhor está expressando algo que se aproxima daquilo que Melanie Klein tentou dizer; iluminando aquilo que ela mesma revelou, forneceu visões ainda maiores na escuridão, em áreas ainda não iluminadas. Em psicanálise, sempre estamos descobrindo mais domínios de ignorância, escuridão, vazio. Melanie Klein disse que os pacientes têm *phantasias* onipotentes, que fazem clivagens de partes de sua própria personalidade, projetando essas partes para dentro do seio. Isso significa exatamente o que queria dizer e penso que estava certo – até o ponto que Klein conseguiu chegar. Não estou muito seguro de que seja *apenas* uma *phantasia* onipotente. Experimentei a situação na qual o paciente pode gerar, em mim, sentimentos que tem uma explicação simples. Podemos dizer: "Qualquer um sabe por que o paciente nos faz sentir assim;

precisamos de mais análise". Isso é verdade, mas não é toda a verdade. Penso que o paciente faz algo para o analista e o analista faz algo para o paciente; não é apenas uma *phantasia* onipotente.

No instante em que emerge um padrão que o analista quer comunicar ao paciente, esse mesmo analista precisa utilizar uma fórmula que o analisando seja capaz de receber. Um lapidador perito está capacitado para multifacetar um diamante de modo tal que a luz refletida nas várias faces assim cortadas retorne com brilho magnificado – sejam lançadas de volta pela mesma rota. Por isso, cintilam as pedras preciosas. [Esse modelo, por si próprio, é um exemplo de minha tentativa de tornar claro aquilo que desejo iluminar. O analisando, ao comparecer no consultório, dá ao analista uma oportunidade de observar seu comportamento – incluindo tanto o que esse mesmo paciente fala como o que não fala. Fora da totalidade daquilo que o analista está consciente, pode-se detectar um padrão. Quando este se torna suficientemente claro para o analista, pode exprimi-lo em linguagem compreensível para o analisando, de modo magnificado: de uma maneira análoga ao modelo do diamante lapidado.] Portanto, o analista pode esperar refletir de volta a mesma iluminação que lhe foi dada pelo analisando; no entanto, com maior intensidade.

Pacientes, muitas vezes, querem saber por que somos tão pouco comunicativos. Por que, por exemplo, não contamos a eles se somos casados; se temos filhos. Não contamos essas coisas por boas razões; eles podem ficar tão completamente preenchidos por conhecimentos a respeito do analista que não vai sobrar espaço para exercitar suas próprias conjecturas e, portanto, desenvolver sua própria capacidade de pensar. [Uma dificuldade inerente a uma psicanálise diz respeito ao fato de que qualquer interpretação conta ao paciente algo a respeito do analista. Não seria mais fácil caso um analista, deliberadamente, escondesse sua verdadeira personalidade. Tudo o que um analista pode fazer é evitar ou permitir essa distorção.]

Posso dizer a um paciente: "O senhor sente que eu seja tal e qual coisa". Isso não é informação a respeito de mim mesmo, como analista. Espero que o paciente seja capaz de reconhecer isso como ideia que partiu dele mesmo – até então não reconhecida. Requer coragem, da parte do paciente, pois está aterrorizado por aprender algo sobre si mesmo que jamais quis saber. Além disso, é alguém que dispendeu sua vida sem estar consciente disso – provavelmente antes de nascer –, pois ficou tentando aprender aquilo que *deveria* ser.

De onde veio esse "deveria"? Será que nós, como analistas, contamos a outros aquilo que "deveriam" ser? Não sendo feito conforme desejamos, esse "deveria" é proveniente de algum outro local. *Imediatamente* provém do paciente. E de onde veio de modo *mediato*? Podemos nutrir a esperança de nos capacitar a fornecer ao paciente uma chance de descobrir de onde veio.

P. Existe alguma maneira de sabermos se estamos enganados?

B. [Esta pergunta levanta um problema profundo: da Verdade. Pelos tempos, aquele que sentiu o impulso de conhecer verdade, muito rapidamente pilhou-se confrontado por esta questão – será que algum ser humano pode validar o que pensa ser verdade? Não se pode praticar psicanálise sem se tornar consciente desse problema; em qualquer situação crítica da experiência analítica isso poderia ser expandido desta forma:

- Qual é o comportamento do analisando?
- Que aspecto, nesse comportamento, sacramenta verdade?
- Observamos corretamente o comportamento?

- O que observamos até o ponto em que o fizemos de modo correto?

- Tendo em mente nosso conhecimento atual, qualquer ser humano que aspire alcançar a verdade está engajado em um papel que não seja o de tolo? Duvido que qualquer um de nós possa fugir disso; até mesmo o "conhecimento" absolutamente certo é vulnerável.]

Voltando ao problema da linguagem. [Termos como "contratransferência" sofreram desnaturação, em razão da popularização da psicanálise. Talvez não seja pior que a popularização da medicina física e cirúrgica, conducente à aplicação de emplastros caseiros em feridas cancerosas.] Um dos pontos essenciais em relação à contratransferência é que se trata de algo *inconsciente*. Pessoas falam sobre "fazer uso" de sua própria contratransferência; não se pode usar algo que não se conhece. *Existe* algo que é minha reação emocional ao paciente; posso esperar que, por minha consciência do fato de que possuo características humanas, como preconceitos e fanatismos, posso ser mais tolerante, permitindo ao paciente sentir se minha interpretação é correta ou não. Isso constitui experiência transitória; uma razão para denominá-la "transferência"; um pensamento, sentimento ou ideia que temos, a caminhar para outro lugar. Ao estarmos em presença de algo que aprendemos a nomear, transferência, poderíamos senti-la mais precisamente na hora em que ocorre? Depende se permitimos que aquilo que o paciente diz penetre em nós, se permitimos que esse "aquilo" pule para fora, como se fosse o ser interior do paciente, refletindo-se para fora.

P. O senhor sugere que não é sua reação ao paciente em termos de sua interpretação – que indubitavelmente está contaminada pela contratransferência –, mas sim que seja muito mais a atmosfera que provemos ao paciente, na qual ele tem a oportunidade de transferir e explorar um ser?

B. Penso que, em última análise, o paciente tem a oportunidade de aprender isso. Pode ter a ideia de que há algo a ser dito a favor da análise, do tempo e do dinheiro gastos em análise. O tempo que uma psicanálise toma não pode ser medido por meses ou anos nos quais o paciente ficou vindo a nossos consultórios; subsistem efeitos posteriores a essa experiência.

P. A linguagem da psicanálise levaria uma pessoa para longe da realidade psíquica? Por ser uma imagética predominantemente sensorial e a realidade psíquica essencialmente não sensorial, a pessoa deve ter cuidado no modo de usar os pensamentos psicanalíticos para a linguagem.

B. Uma das pessoas que fundaram a University College, em Londres, estudou filosofia em Oxford; resumindo essa experiência, disse ter aprendido apenas uma coisa: dissimulação e mentira.[7] Realmente, uma das aquisições mais precoces do discurso articulado é justamente esta: como fazer o outro de tolo. Então, a questão que o senhor coloca é fundamental: como reconstituir a comunicação verbal, de longa história de uso para finalidades como mentir, dissimular e enganar, para incrementar o progresso em direção à verdade? Uma questão a ser respondida por si mesma; temos de encontrar um vocabulário que apareça de modo mais natural para nós mesmos, que podemos continuar a empregar, e restauramos

---

7 A citação de Bion, talvez por falta de revisão, não é totalmente acurada, algo diverso do costume desse autor, como é possível ver em suas obras escritas e não em transcrições de palestras. A University College está presente em Londres, Oxford e Cambridge, na Inglaterra, e mantém uma faculdade de medicina, cursada por Bion. Jeremy Bentham (1748-1832) foi o maior, talvez único, inspirador dessa universidade de orientação muito diversa da dogmático-eclesiástica. Não foi um dos fundadores dessa instituição, hoje fonte de renda para o país, atraindo estudantes do mundo inteiro. O corpo embalsamado de Bentham ficou em exposição por alguns séculos no saguão central da universidade, em Londres; em 2002, foi colocado em armário fechado e pode ser visto sob supervisão e com hora marcada. [N.T.]

algo de seu valor que sirva a esse objetivo particular, que é o de ajudar pessoas em vez de afogá-las.

P. O senhor trabalha com famílias?

B. Prefiro que não entrem em meu consultório. É claro que não posso garantir que mentalmente fiquem do lado de fora. Considero que estou tentando analisar o paciente; não sei o que a família está fazendo com ele; nada posso fazer em relação à família. Sinto que há um território imenso e inexplorado que só pode ser investigado analiticamente. Caso o senhor pense que reúne condições de fazer frente às experiências que uma família inteira pode trazer, não vejo por que não a atender; não se trata de uma escolha minha. Atribuo grande importância à experiência que me é permitida, caso o paciente venha a meu consultório e lá permaneça por cinquenta minutos. O valor da experiência cai rapidamente no momento em que o paciente fica fora de minha visão e audição. A evidência obtida por meio do "ouvir dizer" tem muito pouco valor para mim. Ouço todo tipo de coisa a respeito de mim mesmo, de meus pacientes; para mim, não são muito mais que ruído desprovido de significado, contado "por um idiota, pleno de som e fúria, significando coisa nenhuma".[8] Inestimável é a chance que nos é dada por meio da exposição à personalidade do paciente; o difícil é saber como fazer os cinquenta minutos valerem a pena tanto quanto essa chance.

P. Seu trabalho com grupos sugere que, dentro dessa matriz, ocorrem certos pressupostos básicos. O senhor concebe a situação

---

8 A citação completa é: "Vida: és uma sombra ambulante, um péssimo ator / pavoneando-se e agonizando sobre o palco / para nunca mais ser ouvido: és uma lenda / contada por um idiota, plena de som e fúria / significando coisa nenhuma" ["*Life's but a walking shadow, a poor player / That struts and frets his hour upon the stage / And then is heard no more: it is a tale / Told by an idiot, full of sound and fury, / Signifying nothing.*"] (William Shakespeare, *Macbeth*, V: v, 17-28). [N.T.]

familiar como uma situação grupal? É possível que existam alguns pressupostos básicos funcionando como todos os tipos de processos arcaicos subjacentes que também valem a pena ser explorados?

B. Sim. Freud afirmou sobre a importância de analisar a situação edipiana. O que vem a ser situação edipiana? Quem são os personagens? Pai, mãe, crianças? Somos capazes de estar suficientemente expostos à mudança que ocorre quando um paciente entra em nossa sala, a ponto de nos capacitarmos para nos comunicar, antes de tudo, conosco? Para fazer isso, temos de esquecer, temos de desnudar nossa mente daquilo que conhecemos, para termos livre acesso àquilo que está ocorrendo. Então, à medida que observamos a "tela", podemos ver o lampejo de algum padrão? Temos de ser o autor; quando temos clareza sobre a peça, podemos mencioná-la ao paciente – esta seria, então, nossa interpretação. Também descrevi isso como "pensamento em busca de um pensador"; devo ficar exposto a eles na esperança de que algum pensamento extraviado possa alojar-se em minha mente – ou, se não se alojar em minha mente, que se aloje na do paciente. Pode, então, ser verbalizado.

Se pensamos que a matemática nos provê de uma linguagem mais conveniente – ainda estou falando de uma comunicação interna, dentro de nós, para nós mesmos – podemos determinar que a representação disso seria um triângulo. Entretanto, um número excessivo de pessoas já ouviu falar do "eterno triângulo", que se tornou um termo desnaturado, isento de qualquer sentido.

Lançando mão novamente de um modelo: os egípcios antigos descobriram que, quando atamos um pedaço de barbante nas proporções 2, 4 e 5, temos um triângulo com um ângulo reto e podemos construir cidades como Tebas. Uma pessoa chamada Pitágoras descobriu a teoria pitagórica – algo iluminador, um abridor de latas mental que nos dá uma oportunidade de abrir nossa mente;

se temos sorte, descobrimos dentro dessa lata mental um ou dois pensamentos, que podem advir, úteis para uma interpretação. Podemos verbalizá-los de tal modo que o paciente é capaz de compreender sua própria linguagem? Estou procurando familiaridade com o seguinte evento: fico pensando que descobri uma interpretação; levo enorme tempo para fornecê-la e ouço do paciente algo como: "Não sei sobre o que o senhor está falando".

Pessoas são educadas para acreditar que devem se comportar de modo civilizado: não é educado fazer observações pessoais. É difícil se dar conta de que, muitas vezes, o paciente não pode aguentar ficar ouvindo o que temos a dizer; a conversa analítica com a qual estamos familiarizados pode não ser familiar a ele. Ainda que as palavras sejam de uso comum, o significado expresso por elas não é comum; o paciente fica exposto a uma experiência geralmente desagradável e também desconhecida.

P. Em que isso difere de outras situações nas quais uma pessoa está se comunicando com outra, como uma mãe e sua criança ou outras relações didáticas?

B. O que faz isso ser único é o fato de haver duas pessoas na sala. Quanto maior nosso respeito por um indivíduo, mais óbvio fica que não há nenhum outro "você" nem nenhum outro "ele" ou "ela". Por outro lado, há algo errado com uma análise que não relembre a vida real; tanto ao analista como ao analisando. A respeito do que vai ser uma análise, se não mantém semelhança com o universo no qual vivemos, um universo de ideias, pensamentos e sentimentos? Se podemos nos aproximar suficientemente daquilo que verbaliza e descreve o que precisamos expressar, o paciente tem uma oportunidade de reconhecer que estamos falando do que ficou disponível, aqui e agora, lembrando-o de situações parecidas que já existiram em outros lugares e que provavelmente vão se repetir muitas vezes. Não estamos falando de algo que ocorre apenas e tão somente dentro de uma sala, ou apenas dentro dos limites daquilo que denominamos psicanálise; não mais do que alguém pode dizer que $a^2 + b^2 + 2ab$ é apenas uma fórmula algébrica. É uma fórmula de aplicação; as proporções expressas por essa formulação algébrica existem em diversas situações, por exemplo, quando pessoas querem construir vastos templos que se sustentam em função de ângulos acertados em relação à terra e aos seus alicerces.

P. Fiquei tentando saber por que o senhor afirmou que seria uma experiência "desagradável". O senhor também afirmou que o paciente e o analista podem ficar entediados. Em outra ocasião, disse ser uma experiência muito excitante. Fica claro, ao ouvi-lo, que considera tal experiência algo especial e íntimo.

B. Posso tomar um dos exemplos mencionados pelo senhor. Lembro-me de um paciente tão entediante que fiquei fascinado pelo modo com que conseguia ser entediante. Como esse homem podia conversar de um modo mais próximo do "tédio puro" do que qualquer outra coisa que jamais experimentei? Por isso, foi fascinante, por incitar curiosidade.

P. O senhor compreendeu a situação?

B. Gostaria de ter a capacidade de escrever um livro a respeito das mil e uma versões do tédio – caso tivesse habilidade e tempo para isso. Se podemos suportar o tédio, podemos nos capacitar, como o paciente, a alojá-lo durante o tempo necessário até que algo lampeje e se posicione, algo que podemos traduzir em palavras. O paciente se mantém falando sobre algo que alguém poderia descrever em termos de uma relação transferencial, mas faltam duas coisas para ancorá-la; só há o pedaço entre as duas. Torna-se um tipo de psicanálise "pura"; nada mais a não ser transferência com ninguém na sala – ouvir isso é extraordinariamente entediante. Depois de certo tempo, reconhecemos que algo está nos sendo contado pelo paciente, mas nunca um fato que esteja ao alcance da visão ou da audição. Nada sabemos a respeito do paciente; nada sabemos a respeito da vida privada do paciente. Que interpretação podemos dar? Em certo sentido, podemos dizer que se trata de uma analogia, nada além de uma pura analogia; nada de um lado, nada do outro; somente o vínculo no meio. Traduzido em termos biológicos: o que é isso? Um seio? Um pênis? Nenhum bebê? Nenhuma mãe? Só a coisa no meio? É isso, a psicanálise "pura": sexo, mas não uma relação entre duas pessoas? A situação peculiar não é simplesmente uma questão de semântica, não é uma questão de aprender gramática.

Isso é um evento verdadeiro, que está ocorrendo presentemente em sua frente, uma demonstração do que une duas pessoas, mas com nenhuma das duas pessoas presentes – ambas estão falando. Então o que é o vínculo? Se não nos preocupamos com as duas pessoas, o que dizer da relação entre elas? Se não há um seio, um pênis, pode haver a possibilidade de uma vagina? Ela pode ser um não objeto. É possível, para o que biologicamente denominamos "mulher", ter uma relação sexual com a outra pessoa?

Segunda

Bion. "Bem"... "Eu queria dizer"... "Vocês sabem"... Posso continuar assim durante horas. São remanescentes, salvos de um naufrágio: o naufrágio do pensamento. Alguém quer nos contar algo, mas com frequência aquilo com o que esse alguém tem de lidar não passa de remanescentes de um discurso articulado. A primeira coisa com a qual nos defrontamos são remanescentes de uma cultura ou civilização. Tentamos alcançar o máximo, segundo aquilo que conhecemos, em consciência, vigilância e lógica; tentamos nos apossar de todas as nossas aptidões, de toda nossa experiência, para fazer um trabalho de psicanálise. Mas esse será o estado de mente que tem o poder de contatar um estado de mente diverso?

Freud deu significado a certas palavras, como "consciente" e "inconsciente", chamando a atenção ao fato de que há um estado de mente diverso daquele que geralmente denominamos "consciente". Não tenho plena certeza se Freud distinguiu claramente o que seria aquilo sobre o que falou de modo adjetivado – modos inconscientes de procedimentos, modos inconscientes de pensamento – e *o* inconsciente, como se existisse tal coisa. Esses conceitos, teorias, ficaram equiparados a algo que a maioria de nós reconhece de modo vago, em parte porque todos nós pensamos conhecer a linguagem; mas conhecemos uma linguagem desnaturada – uma linguagem vaga.

Não penso que chegamos muito longe com essa ideia *do* inconsciente, ou mesmo com a ideia do pensamento ou de ideias inconscientes. É surpreendente o quão longe Freud foi com essas teorias e o quanto ele mesmo fez para que seu próprio trabalho ficasse redundante. Abriu, ainda, aéreas de experiência que não podem ser tratadas do mesmo modo que tentamos tratar neuroses e fenômenos nos quais assinalamos a ideia de pensamentos conscientes e inconscientes – palavras substantivas e adjetivas.

Chamo a atenção para a existência de algo cuja aparência é de ideias e pensamentos primordiais, que jamais foram conscientes. São diferentes de ideias que foram conscientes e que, em alguma época, foram reprimidas ou transformadas em algo inconsciente. Trata-se de um âmbito geralmente pensado como algo um tanto irracional, mas de fato racional – caso seja visto sob outro vértice. Vamos considerar algo óbvio, do senso comum: se temos uma experiência sobre a qual nada podemos fazer, esquecemos essa experiência. Se sentimos uma dor de dente e não há ninguém para cuidar de nossos dentes, esquecemos da dor de dente. Se temos uma dor em nossa mente, esquecemos essa dor. Entretanto, a psicanálise parece indicar que isso não é suficiente, porque quando essa coisa foi esquecida – penso que assim seja – continua tendo uma existência independente, dando origem a sintomas e sinais de sua atividade, ainda que não estejamos conscientes dela, ainda que a tenhamos "esquecido". A mesma coisa pode ser aplicada a algo que jamais foi consciente?

Destaquei anteriormente[1] algo sobre o comportamento de pacientes – parecem clivar partes de suas personalidades e logo depois assestam essas mesmas partes dentro de seus analistas. Comportam-se desse modo não apenas em *phantasia*. Muitas vezes quero saber por que comecei a me sentir irritado ou alarmado em uma sessão; não sou capaz de deixar de lado, como se fosse irrelevante, o sentimento de que o paciente está me fazendo algo, que realmente há algum efeito em mim. Podemos lidar com esse tipo de paciente dizendo "Psicótico – incurável. É hora de terminar a análise porque isso está além da capacidade analítica". Esperamos que algum hospital psiquiátrico faça a cortesia de tomar conta do paciente, ou seja, trancafiá-lo de modo seguro. Assim, esses pacientes embrutecidos param de perturbar nossa paz; nós os temos seguramente trancados e os categorizamos mentalmente dentro de uma caixa mental: são psicóticos; está tudo pronto e acabado. Entretanto, sobrou um sofredor. Se o analista sucumbir a tal impulso, há erosão em sua própria integridade.

Suponhamos que um homem e uma mulher inteligentes, poderosamente equipados do ponto de vista mental, tenham uma relação sexual, promovendo a fecundação de um óvulo por um espermatozoide e iniciando uma divisão celular. De acordo com embriologistas, ocorre uma divisão das células, criando-se somitos; na época em que ocorre uma terceira divisão entre esses somitos, formam-se fossas ópticas e auditivas. Nesse período, a divisão celular prossegue, dentro de um fluido aquoso poluído. (Estou considerando o fluido extracelular como fluido puro, parecendo ter a mesma composição da água do mar, antes de se tornar água do mar. O fluido extracelular é a coisa mais próxima de algo com a composição da água do mar em estado absoluto, quando o mundo

---

[1] Ver primeira palestra, quando Bion menciona Melanie Klein e as *phantasia* onipotentes (p. 25). [N.T.]

estava rodeado de água, antes de ficar poluída com produtos da terra.) Mudanças na pressão nesse meio aquoso são facilmente comunicadas. O fluido amniótico pode ser submetido a modificações em sua pressão por meio de, por exemplo, contrações uterinas. Também pode haver pressões extrínsecas à mãe – alguém pode gritar com essa mãe; alguém pode empurrá-la. Se pressionamos nosso globo ocular – ou se alguém for tão descortês a ponto de fazer isso de modo brusco ou violento –, podemos dizer que "vemos estrelas"; temos uma impressão de luz. No entanto, isso será uma resposta anômala. [Algum dia os remanescentes dessa resposta anômala podem emergir com força desconcertante, tanto para o paciente como para o analista; pode-se dizer ao analista que o paciente tem escotomas ou, possivelmente, enxaqueca.]

Quando fossas ópticas e auditivas passam a funcionar? Quando se inicia algum tipo de visão – ou audição – primordial? Quando já existe um sistema nervoso autônomo ou simpático – um cérebro "talâmico" –, um embrião pode experimentar algo que algum dia pode ser chamado de "medo" ou "ódio"? [Nessa mesma época, pode haver um impulso de lutar ou fugir. O tálamo e os núcleos límbicos vão ser, em algum dia, origens do medo e da agressão, da dança e do combate. Em favor da conveniência e da síntese, podemos descrever isso como comportamento "subtalâmico".]

Vamos supor um feto que alcança um estado denominado por obstetras de "a termo". Esse feto tem de nascer antes de possuir uma personalidade ou mente? De modo inverso, um homem ou mulher tem uma mente? Não vejo razão para duvidar que o feto a termo tenha uma personalidade. Parece-me gratuito e sem sentido supor que o fato físico do nascimento seja algo que cria uma personalidade antes inexistente. Será muito razoável supor que esse feto, ou embrião, tenha uma mente que algum dia possa ser descrita como muito inteligente. [Teríamos de avançar mais em relação a

esse aspecto, caso tenhamos um impulso emocional a relegar um de nossos pacientes à categoria de "psicótico" ou "sem esperança".
Antes de agir sob tal impulso, precisamos nos perguntar se "psicótico" ou "esperança" é uma descrição que ilumina muito mais *nosso* estado de mente do que o do paciente.] Pergunta. E sobre a questão da mielinização das terminações nervosas e a ideia de que pode haver algum tipo de registro neurológico em um centro integrado, registrando informações dentro da mente da pessoa jovem?

B. [Será possível que os hipocôndrios tentem se comunicar com o cérebro, que o sistema nervoso autônomo tente se comunicar com o sistema voluntário e que o corpo tente se comunicar com a mente – assumindo que exista uma mente?] Médicos e cirurgiões interpretam essas dores: coisa nada fácil de fazer. Por exemplo: uma vez, uma paciente relatou estar "com água no joelho". Fiz a palpação e tive certeza de ser uma sinovite. A paciente fazia trabalhos de faxina: costumava ficar ajoelhada. Para essa pessoa, era muito importante o fato de seu joelho estar causando problemas sérios. Reclamou também de certa dificuldade em reter urina. Tossiu e exclamou: "Veja, fiz xixi outra vez!". De minha parte, perguntei: "Por falar nisso, a senhora tosse muito?".

"Ah, isso não é nada. Sempre tive essa tosse." Nesse momento, surgiu-me uma vaga ideia de algo que havia estudado em Grey[2] a respeito do sistema linfático: "Seria conveniente fazermos um raio X de seu tórax". E assim foi: velamento nodular; obscuridade. O

---

2 Henry Grey (1827-1861) publicou seu primeiro manual de anatomia em 1858, que se tornou um clássico da medicina exercida por falantes da língua inglesa, mantendo o nome tradicional. Equivalentes franceses e italianos, escritos por Jean L. Testut e Honore Jacob e por Giulio Chiarughi, respectivamente, passaram a ser menos conhecidos à medida que a língua inglesa se tornou uma língua universal. [N.T.]

exame anatômico-patológico do líquido do joelho foi "tubercular"; um tubérculo caminhara dos pulmões para o joelho.

[Um diagnóstico baseado em teoria médica sofisticada. Minha "vaga ideia" constituiu conjectura racional. Podia haver algum vínculo mental direto, na mente do paciente, entre o joelho doente e o reflexo de tosse?] Pode existir alguma "matéria" mental diferente da rede física de comunicação? Teorias elaboradas por Freud, Klein, Abraham e outros pressupõem que sim. No entanto, para mim, fica igualmente claro que isso é uma "probabilidade", não uma "certeza". Um julgamento sincero não iria atribuir "certeza" ao sistema linfático; isso é típico dos meios de comunicação ainda não explorados: fibras mielinizadas que o senhor acabou de mencionar, o mecanismo neurológico, o sistema parassimpático, o sistema que o corpo usa para fazer algo ser notado pela extremidade cranial, para a qual se reivindica superioridade – até mesmo superioridade social – em relação ao que vai ocorrendo em nossa extremidade caudal.

Faço a seguinte sugestão: sobre a existência de algo passível de comunicação por si mesmo, desde que um feto seja "a termo", e possivelmente antes disso, em direção à mente como a conhecemos. Por que um sintoma, o sinal de algum problema ou defeito, não pode traçar seu caminho por canais – sobre os quais até o momento nada sabemos – até aparecer a área do discurso articulado? Em outras palavras: o discurso articulado trai um sintoma; o qual tentamos, então, analisar. É possível dizer que certos sintomas mentais articulados, se interpretados de forma correta, podem conduzir um cirurgião, ou um médico, direto a um órgão fisicamente perturbado?

No quiasma óptico, há muitos canais mais próximos um do outro. Os núcleos basais e os gânglios basais podem ser interrompidos, como seriam em interferências cirúrgicas, como por exemplo, em uma lobotomia. De modo semelhante, um tumor trai a si mesmo de muitos modos. É possível dizer: "o modo pelo qual esse paciente está falando demonstra sinais de distúrbio físico. Sinais tão claros para mim como os sinais de uma anemia". Seguindo princípios psicanalíticos, fica claro, para mim, que um analista deve ficar alerta para traçar os sintomas em ambas as direções. [O problema não é uma mente com um caminho, mas sim um caminho de mão única.] Se certos sintomas podem emergir por si mesmos, naquilo que denominamos "níveis racionais, conscientes de pensamento", e se esses níveis conscientes e racionais de pensamento podem ser capazes de se fazer operantes e facilitar sua identificação no ponto de origem, onde estavam "di-ficultados",[3] é possível efetuar uma interpretação para traçar um caminho de volta, pelo mesmo atalho, e identificar a origem do problema? Se ocorre desse modo, a psicanálise deve ser capaz de ter algum efeito em coisas que, no presente, parecem inacessíveis a tratamento.

P. Se crianças, ou pacientes, não têm uma *phantasia* na qual clivam partes de sua personalidade e as evacuam em sua mãe ou no analista, mas fazem isso na realidade, o que o senhor entende que está acontecendo? O que essas crianças ou pacientes fazem?

B. Apelo para as ideias da grade[4] da seguinte maneira: podemos considerar coisas chamadas materiais como estando fora do nosso âmbito, pois constituem fatos da maquilagem física. Mas – adentrando em área que, tenho certeza, é controversa, e com razão – também posso, ao lado desses elementos imaginários supostos teoricamente, os elementos alfa e beta, supor agora que o pensamento entra em uma fase que posso denominar primordial. Posso

---

3 No original, "*dis-ease*". Há um trocadilho entre "*easy*" (fácil) e "*disease*" (doença), enfatizado pelo uso moderado e sutil da hifenização, quase formando um neologismo – forma peculiar e característica da escrita de Bion. [N.T.]
4 No original, "*grid*". [N.T.]

dizer que o pensamento primordial também se trai, aqui mesmo, neste momento – estou falando a respeito deste nosso grupo –, mas agora o denomino como uma imaginação especulativa. Essa espécie de pensamento não tem nada a ver com "evidência" – é apenas especulação. Encorajo as pessoas a serem indulgentes com sua própria imaginação especulativa; há um bocado a ser dito sobre isso antes que se transforme em algo que um cientista pode denominar "evidência". O tipo de coisa que flutua por essa área de imaginação especulativa são racionalizações, *phantasias*, probabilidades – e não fatos.

A atividade analítica na qual estamos engajados não parece, no presente, estar sustentada por evidências de certeza. No entanto, penso que estamos justificados em afirmar que, provavelmente, a psicanálise é algum uso, provavelmente o desfecho de certas conversações que eu tive com alguém que não sou eu e que foi responsável por iniciar desenvolvimentos posteriores. Um diagnóstico tipo "psicótico" ou "psicótico *borderline*" não permite espaço para elaboração, especulação, conjectura; limita as possibilidades de expansão. A análise não deve ser tão restrita a ponto de não haver espaço para desenvolvimento e crescimento. Posso imaginar – uma conjectura imaginária – que as paredes de um útero podem ser tão restritivas, não deixando nenhuma alternativa para a mãe, a não ser evacuar a criatura que está lá dentro dela; e o mesmo se aplica para a criatura que está lá dentro e que, ao sair, tem de fazer um ajuste: de uma vida em meio aquoso para uma vida em meio gasoso. Então os pais, da mesma forma, têm de se desenvolver, de esposo e esposa, para pai e mãe; de outra forma, não vai haver "espaço" no qual um recém-nascido possa se desenvolver.

P. Voltemos para a pergunta de como o senhor sabe da possível projeção, partindo do paciente, em direção ao analista, se é que isso realmente ocorre. Como é o modo que o analista sente? O analista geralmente se sente confortável, usufruindo de prazer. De repente, no meio de uma sessão, sente-se irracionalmente irritado. Pode ser algo que o paciente está fazendo ao analista? Seria contratransferência? Seria algo evocado?

B. O que *sentimos* é tão próximo do fato quanto é provável que temos uma extraordinária ocupação. Enquanto estamos preparados para argumentar a respeito das várias ideias que temos, não estamos preparados para discutir sobre "como é o sentir quando sinto que sou eu". Posso comparar como é sentir-se como eu sou com aquilo que alguém *diz* que estou sentindo. O paciente sabe muito mais sobre o que é sentir-se como ele mesmo, ou ela mesma, do que qualquer analista pode saber. Então, *é* importante trabalhar com base no fato de que o melhor colega que podemos ter, além de nós mesmos, nunca vai ser um analista nem um supervisor, nem nossos pais, mas sim o paciente. O paciente é a única pessoa na qual podemos confiar que está de posse do conhecimento vital. A única coisa que não sei é por que pacientes simplesmente não fazem uso desse conhecimento. O ser humano é um animal que depende de um par. Em uma psicanálise, um par temporário; quando chega a vez da própria vida, a pessoa pode preferir encontrar alguém, que não seja ela mesma, com quem prossegue pelo resto da vida. A unidade biológica constitui-se como um casal.

Observação. Dr. Bion, o senhor fala a respeito de a mãe "evacuar" o feto, do paciente "evacuar", tanto na mãe como no analista, e do paciente poder nos dizer se nossa interpretação é correta. Pode parecer que o sentimento ou material evacuado pelo paciente permanece, intensamente, dentro do paciente, de tal forma que pode nos dizer se estamos corretos ou se estamos incorretos ou se isso é lixo. Estou tentando entender o que o senhor quer dizer com "evacuação".

B. Penso que o senhor jamais entenderá o que vem a ser isso, com uma exceção: quando está em seu consultório – onde existe ao menos uma possibilidade de se obter uma opinião a respeito do que venha a ser isso. O senhor pode estreitar sua visão – analogamente a alguém que tenha substituído um telescópio por um microscópio, para dirigir-se à área onde provavelmente vai encontrar uma resposta à questão que o senhor mesmo formula. Posso facilmente me permitir especulações imaginativas, dizendo que o paciente evacua algo, mas se o aquilo que digo é utilizado como substituto para a observação que analistas fazem por si mesmos, estamos em situação pior que aquela que nos encontramos quando alguém diz algo apenas inútil.

P. Lendo seus trabalhos, ficou óbvio para mim que o senhor escolhe com muito cuidado sua linguagem. Recolocando o conceito de evacuação e também alguns outros termos, o que se perderia de sua ideia caso eu dissesse "O paciente que não está em contato com determinados sentimentos ainda não conseguiu articulá-los, mas os experimenta em algum nível. No entanto, o paciente é muito hábil em estimular, de modos sutis, esses sentimentos em outra pessoa". Essa formulação perde algo do significado?

B. Olhando para isso de um modo altamente intelectual, posso utilizar a ideia de Kant: intuição sem conceito é cega; conceito sem intuição é vazio. Traduzindo em linguagem familiar, posso dizer que certos pacientes descrevem de modo intuitivo um fato, ao exclamarem "Estou aterrorizado" ou "Esta gagueira me perturba". Não ouvimos nenhuma gagueira – mas o paciente ouve. Essa intuição permanece cega: o paciente foi incapaz de ligá-la a um conceito. [Caso sua versão, sua interpretação, faça com que sua observação fique clara ao paciente, então a interpretação é correta; seria incorreto usar a *minha* versão.]

P. O senhor falou de nossa possibilidade em fazer certos pressupostos a respeito de vestígios de impressões precoces, pré e pós-natais. No entanto, também mencionou um paciente que provocou raiva no senhor. Pode nos dar um exemplo clínico de como maneja algo relacionado a vestígios e quando relaciona com o que sente?

B. Duvido que possa. O que pensaria a respeito do que fiz, agora, *é* minha crença sobre algo que fiz.

P. Podemos começar com este tipo de coisa: o que o senhor acredita que fez? O que diria ao paciente?

B. Poderia *tentar* contar ao paciente algo a respeito daquilo que havia me dito. Um paciente relata: "Tive um sonho terrível na noite passada: estava tendo uma relação sexual com minha esposa". Eu poderia dizer: "Se foi isso, por que está me contando? O que fez ou o que sonhou não tem importância. O senhor deve estar tentando me contar algo importante; penso que não apareceu em meu consultório para ficar parado aqui, com a finalidade de desperdiçar seu tempo e dinheiro. Sugiro que essa história que o senhor relata possui um significado que ainda não conhecemos". É *esse* desconhecido que requer iluminação.

Significados corriqueiros não cessam de existir e, apesar disso, são importantes. A aparente informação é, na realidade, uma formulação de uma questão; é uma questão disfarçada por fatos; fica empanada; *soa* como se fosse um fato. Quando o paciente diz que "sonhou" algo, também afirma que se trata de um fato com o qual todos estamos familiarizados; é socialmente aceitável. Sonhar com esse tipo de coisa que esse paciente sonhou é algo que nos é permitido. É algo que todas as pessoas desculpam.

P. O que poderia acontecer nessa situação hipotética, em que o senhor afirma ao paciente que não sabe?

B. A resposta é, outra vez: "Não sei".

P. O que o senhor diria ao paciente?

B. Aquilo que já disse ter feito; precisamente, uma expressão do que quero dizer. Pode ser um modo defeituoso, inadequado e insuficiente de falar, mas não conheço nenhum outro modo de dizer isso; penso que é razoável pressupor que o paciente não sabe dizer de nenhum outro modo. Se esses pensamentos não estão de fato limitados aos períodos em que a pessoa está adormecida e se o paciente tem esses assim chamados "sonhos", os mesmos sonhos, à luz do dia, quando está completamente acordado, alguém pode chamar o "sonho" de alucinação, de delírio ou de um estado psicótico. Então, há muito ainda para ser dito a respeito de "Eu sonhei isso – foi só quando eu deixei minha guarda baixa".

Depois de certo tempo, fica absolutamente claro que o modo com qual falamos com nossos pacientes parece ter um efeito. Ninguém pode nos contar nada sobre isso, temos de descobrir se vale a pena falar com pacientes do modo que *nós* falamos – não se preocupe se foi ou não santificado por ter aparecido em alguma parte das Obras Completas. As experiências nos convencem de que vale a pena ter algum respeito por si mesmo, por aquilo que o senhor pensa, imagina e especula. Existe uma espécie curiosa de convicção em relação a essas ocasiões em que falamos algo que tem um efeito semelhante, de modo reconhecível, com as teorias que conhecemos. Há um "casamento" entre nós e nós: um casamento entre nossos pensamentos e nossos sentimentos. Uma intuição cega e um conceito, quando ficam vazios, podem se encontrar de tal modo que perfazem um pensamento maduro completo.

P. O senhor sugeriu anteriormente[5] que teorias sobre estados *borderline* disponíveis não permitem incremento ao espaço do paciente. Pode explicar isso?

---

5 Ver trecho em que Bion fala da "grade" nesta palestra (p. 41). [N.T.]

B. Estou falando algo que tem *status* de especulação imaginativa. Não tenho nenhum fato que alicerce esse pensamento, mas me parece que é digno de ser rotulado como "provável"; um plasma germinativo é potencialmente perceptivo, tendo derivado de pais supostamente perceptivos; posso então imaginar que mesmo no útero uma criança se torna consciente de certas "coisas" que são "não ele". Por exemplo, posso sugerir: "Não vamos falar nada; vamos fechar as janelas, fazer este lugar o mais silencioso possível". O que ouvimos? Se isso pudesse ser levado a cabo, como experiência, poderíamos ouvir nossos batimentos cardíacos: nosso sangue sendo impulsionado em nossas artérias. É possível que um feto esteja consciente de uma "visão" primordial, da luz; é possível que desgoste dessas experiências que lhe são impingidas, sensações que parecem provir do espaço exterior – sensação de luz, sensação de ruído – e também de algum lugar que possa parecer ser interno – o batimento cardíaco, o sangue correndo pelas artérias. Isso poderia ser tão intolerável que o feto – usando nossa terminologia consciente – se esqueceria de tudo, livrando-se disso, e não teria nada a ver com isso. Tempos depois, nasce uma criança: só que sobrevive uma herança de grande potencial de inteligência. Então, essa criança altamente inteligente pode aprender o truque de se comportar precisamente do modo exato que se supõe que vá se comportar. Um exemplo desastroso foi a decisão de Leopold e Loeb:[6] cometer

---

6 Referência ao assassinato de Robert Franks, aos 14 anos, estudante de escola secundária de Harvard (Estados Unidos), ocorrido em 1924. A delinquência, como de hábito, baseada em covardia, foi praticada por dois jovens: Nathan Freudhental Leopold Jr. (1904-1971), de 19 anos, que se preparava para entrar na escola de direito na Universidade de Chicago, e Richard Albert Loeb (1905-1936). Provenientes de famílias abastadas e socialmente respeitadas na cidade de Chicago (Estados Unidos), sempre foram interessadíssimos em crimes; teriam, propaladamente, altíssima inteligência. O arrazoado do advogado de defesa, que perdurou 12 horas, contrastava punição retributiva com reformativa (ou o antigo embate entre preceitos do Velho e do Novo Testamento, refletidos em sistemas legais anglo-saxônicos pós-luteranismo e "revoluções"

um crime perfeito. No sistema legal da Inglaterra, há uma jurisprudência que se tornou pedra angular: as leis de M'Naghten: um paciente pode discriminar o certo do errado? É claro que pode. Não se pode esperar que pessoas altamente inteligentes não tenham aprendido o truque de serem capazes de saber a diferença entre certo e errado. Então lá estão eles, no primeiro passo em direção à condenação, pois parecem ser pessoas responsáveis. Suspeito que a experiência do nascimento seja muito severa; o que as pessoas fizeram potencialmente, quando foram embriões ou fetos, não está mais disponível para o conhecimento delas. Essas pessoas estão destituídas de um sentimento fundamental, o conhecimento da diferença entre certo e errado. É necessário obter, em algum grau, alguma capacidade de fazer uma discriminação entre certo e errado, entre verdade real ou compaixão e mal real – algo diferente de saber o que pessoas *denominam* ser a diferença entre certo e errado.

P. O senhor escreveu que assume a existência de um psicótico em cada indivíduo. Isso estaria de algum modo relacionado à experiência pré-natal, à experiência intrauterina?

---

sociais), conseguiu modificar a sentença: da pena capital para prisão perpétua. Loeb, morto por um colega presidiário nos anos 1930, não viu a libertação condicional de Leopold, em 1958. Cognominado precocemente – como todos os cognomes – "crime do século", fascinou, pelo menos, quatro gerações, inspirou pelo menos seis cineastas famosos – um deles, Alfred Hitchcock, admirado por Bion – e proveu lucros a produtores de cinema e literatos de novelas, demonstrando a existência do fato (crime) no interior de enorme, ainda incalculável, proporção populacional. A referência de Bion a mais um aspecto humano usualmente reprimido, mas sempre atuante, aparentemente extemporânea ou deslocada, parece altamente oportuna, nesta palestra, em função da continuidade insistente dos questionadores, que pareciam indisponíveis a assumir suas próprias responsabilidades como analistas, exigindo de forma idólatra "receitas" e "leis" de seu colega mais idoso. Aparentemente, pela observação de outro questionador sobre a existência universal da psicose, a intervenção de Bion produziu efeito nos processos de pensar do grupo. [N.T.]

B. Penso que adquirimos o costume de esquecermos da experiência intrauterina. Gostamos de sentir que nascemos e nos tornamos seres humanos racionais e inteligentes; que, ao estarmos acordados e conscientes, ficamos em um "estado de mente" superior aquele que ocorre quando adormecemos. Temos preconceito contra outro estado de mente – isto é, aquele no qual não estamos. Então, tentamos manter a cesura em bom estado. Enunciando tudo isso em termos mais psicanalíticos: tentamos manter nossa resistência em bom estado de funcionamento, agindo como membrana impermeável pela qual não penetrem pensamentos, sentimentos e ideias que em alguma época não aprovamos. Ao mesmo tempo, persistem, reprimidos, pensamentos e sentimentos que conhecemos em alguma época – que ainda tentam irromper. Posso colocar isso da seguinte forma: todos nós somos maus analistas, mas todo mau analista tem algum bom analista dentro de si tentando se libertar – e nós o odiamos. Dizemos: "Meu Deus, estou tendo um colapso! Minhas defesas foram enfraquecidas por causa desse mal e terrível analista, e agora vou tornar-me um tipo de monstro, logo vão me mandar para um hospício ou vou cometer um assassinato. Se tenho de cometer um assassinato, então vou começar pelo meu analista, antes que alguém comece por mim". Parece ser uma situação em que existe uma tentativa de irromper para a liberdade *e* uma tentativa de impedir que aconteça qualquer coisa desse gênero. Nenhum de nós pode ficar livre do ódio à análise ou do ódio à experiência analítica, seja ele engendrado por nosso próprio conhecimento e experiência, seja pelo tipo de coisa que nos é dita por um paciente que se revestiu de seu próprio id, mantendo seu ego e seu superego enfiados dentro de si, e que também se comporta de tal modo, para demonstrar com clareza que esse é o estado de mente apropriado.

O. Sinto-me como um cego conduzido por um cachorro. A situação é mesmo tão ruim? Não. Não sou tão cego; o cão pode não enxergar tão bem. Posso ver que o feto pode sentir e ter certas sensações, talvez até certos pensamentos, pois o núcleo de sensações – pensamentos, assim por diante, já está pronto biologicamente. Se temos um ser unicelular e podemos tocá-lo com um estilete, a célula se contrai, defendendo-se por meio de uma guerra secreta contra essa impressão externa a ela. Se um protoplasma já tem medidas de defesa, com toda certeza é possível que fetos sintam e tenham determinadas defesas. Tudo isso me recorda o trabalho de Ferenczi, comparando o feto na água com o desenvolvimento biológico da vida na Terra. Penso que seja exatamente isso que Dr. Bion quis dizer, mas só que isso já foi descrito antes, por Ferenczi.

B. Quando estudei medicina, meu professor de cirurgia foi Wilfred Trotter, que escreveu *Os instintos da horda na paz e na guerra*. Chamou a atenção para algo que parece existir. Por exemplo, tomemos um grupo como este nosso aqui: temos uma sabedoria combinada; estranha ao pouco que cada um de nós conhece, mas, por analogia, somos como corpos celulares individuais em um domínio cuja fronteira é nossa pele. Penso na existência de algo pelo qual se faz sentir a sabedoria combinada, a um só tempo, para grande número de pessoas. Gostamos de pensar que nossas ideias são nossa propriedade pessoal, mas, a menos que pensemos que nossa contribuição está disponível para o resto do grupo, não há a menor possibilidade de mobilizar a sabedoria coletiva do grupo, que pode propiciar novos progressos e desenvolvimentos.

Certas pessoas muito inteligentes não podem aguentar o perpétuo bombardeio de pensamentos e sentimentos, provenientes de todos os lugares, inclusive de dentro delas. Então, cancelam sua assinatura do jornal, retiram seu número da lista telefônica, fecham as persianas e tentam, o quanto possível, alcançar um tipo de situação em que podem ficar livres de novos impactos. Então, a comunidade perde a contribuição que o indivíduo pode dar; o indivíduo morre mentalmente – do mesmo modo que certas células do copo acabam necrosando. Nossos corpos têm inteligência para resistir à invasão de corpos estranhos, como as bactérias – e até plantas e entidades em estágios intermediários estudados pela Botânica[7] –, mobilizando fagócitos para lidar com esses objetos invasores. Seria possível nos organizarmos em comunidades, instituições, a fim de nos defendermos da invasão de ideias provenientes do espaço exterior e interior? O indivíduo fica aterrorizado até mesmo quando permite a existência de sua própria especulação imaginativa; fica com medo do que poderia acontecer caso alguém mais pudesse perceber essas especulações imaginativas e tentasse se livrar desse mesmo indivíduo, baseado no fato de ele ser uma influência perturbadora. Freud cita[8] um drama de Hebbel[9] sobre um tipo de

---

7 No original, "*cocchi*". [N.T.]

8 "*I treated my discoveries as ordinary contributions to science and hoped they would be received in the same spirit. But the silence which my communications met with, the void which formed itself about me, the hints that were conveyed to me, gradually made me realize that assertions on the part played by sexuality in the aetiology of the neuroses cannot count upon meeting with the same kind of treatment as other communications. I understood that from now onwards I was one of those who have 'disturbed the sleep of the world', as Hebbel says, and that I could not reckon upon objectivity and tolerance*" (Sigmund Freud, *On the History of the Psychoanalytical Movement*, 1914, SE XII).

9 Christian Friedrich Hebbel (1813-1863), teatrólogo formado em filosofia, história e literatura alemã, mais reconhecido em Viena (Áustria) e hoje praticamente esquecido. Na obra de Freud, a citação pode ser encontrada em *A história do movimento psicanalítico*, de 1914, e também em *A interpretação dos sonhos*, sobre um trabalho publicado no periódico *Imago*, em 1913, de um dos primeiros psicanalistas, hoje esquecido, J. Sadger (*Uber dass Unbevusste und die Träume bei Hebbel*). A peça de Hebbel *à qual Freud faz referência é Gyges und Sein Ring* (1856), trecho em que o personagem Kandaulas dirige-se ao personagem Gyges, ambos inspirados na mitologia da Ásia Menor (Lídia), e trata de um anel de ouro (ato V, cena 1). O texto pode ser visto no *site* The Gutenberg Project (www.gutenberg.org). Um excelente relato sobre essas divindades pode ser encontrado em *Ritual dinners in early historic Sardis*, de C. H. Greenwalt (Berkeley: University of California Publications, 1978, v. 17),

pessoa que perturba o sono do mundo e termina incitando ódio proporcional à perturbação. Conclui que estava sendo uma dessas pessoas. Fui imprudente o bastante, na época em que exerci a função de psiquiatra no Exército Britânico, de sugerir que meus colegas psiquiatras, para assegurar que teriam, eles mesmos, uma noite tranquila, estavam administrando drogas para os pacientes.[10]

O. Isso continua a ser feito.

B. Acredito que sim – é algo que tem grande tradição, grande passado e, segundo minhas suspeitas, um futuro muito promissor.

P. Existiriam certas interpretações servindo ao mesmo objetivo?

B. Sim, exatamente. Freud falou a respeito de uma "paramnésia", algo que intenta preencher o espaço onde um fato precisa estar. Seria acertado presumir que uma paramnésia é uma atividade peculiar apenas aos pacientes ou que é apenas uma existência patológica? Acho que a psicanálise pode ser um modo de locupletar o vácuo de nossa ignorância a respeito de nós mesmos, ainda que minha impressão seja de que a psicanálise seja mais do que isso. Podemos produzir excelentes estruturas teóricas, na esperança de que tais estruturas vão eternamente preencher lacunas, de tal modo que nunca mais vamos precisar aprender nada a respeito de nós mesmos, como pessoas ou organizações.

P. O senhor poderia continuar elaborando esse assunto? A maioria de nós construiu nossa profissão em torno da extensão do conhecimento. Agora, o senhor sugere que os métodos que estamos

---

que trata de aspectos sociais do uso do mito, presentes na citação de Freud. Outra obra a ser consultada é *The "Jewish question" in German literature, 1749-1939: emancipation and its discontents*, de Ritchie Robertson (Oxford: Oxford University Press, 2001). [N.T.]

10 Ver diálogo entre os personagens Enfermeira e Psiquiatra no texto "O sonho", parte da obra *Uma memória do futuro*, de Bion (São Paulo: Martins Fontes, 1988, v. I, p. 90-95; Londres: Karnac Books, 1992, p. 80-82). [N.T.]

utilizando, e também nossas pretensões, são para bloquear nossa busca pelo conhecimento. Gostaria de saber como.

B. Sugiro que não podemos ter certeza de que essas teorias sejam finais apenas pelas suas seguintes características: por serem tão convenientes, por nos fazerem – como indivíduos e como grupo – sentir melhor e porque teorias parecem fazer uma incursão nessa enorme área de ignorância. A pessoa gostaria de dizer "Daqui não passo",[11] mas só que, se alguém levar a cabo esse mesmo procedimento, vai estar novamente em contato com essa vasta área de ignorância. Podemos aprender cuidadosamente leis da química e da física e sentir que *agora* somos detentores do conhecimento a respeito do modo de funcionar do mundo físico; *agora*, conhecemos a verdade. Entretanto, é extremamente limitada a área na qual se aplica o tipo de física e química passíveis de compreensão. Astrônomos descobriram algo que denominaram, "buracos negros", em que leis da física e da química não se aplicam. Realmente, o modo pelo qual trabalha o Universo permanece desconhecido. Por que não o seria? Somos criaturas efêmeras: nossa muito pequenina Terra circula em torno de um sol ordinário à velocidade relativamente baixa de 35 quilômetros por segundo. Ninguém pode imaginar como é o ritmo de circulação de uma nebulosa espiral em torno de seu centro; ainda que haja uma reconfortante aparência, convincentemente científica, quando se diz que o ritmo de circulação de nebulosas espirais, da qual faz parte o nosso sol, possui um diâmetro próximo a 2×10 milhões de anos-luz.[12]

P. O senhor estaria questionando se estamos mais cônscios, ou não, da real utilidade científica do estado de conhecimento que o

---

11 Ver "O passado apresentado", parte da obra *Uma memória do futuro*, de Bion (Rio de Janeiro: Imago, 1996, v. II, p. 19; Londres: Karnac Books, 1992, p. 237). [N.T.]
12 Ver também discussão na primeira palestra (p. 17). [N.E.]

homem possui em relação à mente? Em outras palavras, estamos no ponto de transição.

B. Fico impressionado com esse diagnóstico, por brevidade, precisão e exatidão, sumarizado ao dizer "*Homo sapiens*": uma condecoração autoinfligida.

P. O senhor quer dizer que preenchemos nossa falta de conhecimento, ou incerteza, com uma espécie de metapsicologia codificada?

B. Sim.

P. Theodore Reik costumava nos falar sobre aquilo que denominou "coragem para não compreender". O senhor mesmo, Dr. Bion, desenvolveu em seus escritos teorias impressionantemente complexas e significativas. Apesar disso, é visível sua própria consciência do quão limitado é nosso entendimento, e o senhor quer que também estejamos conscientes. Se podemos tolerar e auxiliar nossos pacientes a também tolerar, estamos realmente conseguindo muito, que é enorme parte da psicanálise.

B. Penso que também nos ajuda a diminuir nossas expectativas sobre o que pensamos poder fazer. Temos a tendência de repetir um ato: mensurar nossos fracassos frente a padrões excessivamente altos.

P. O senhor diz que somos naturalmente feitos de tal modo que odiamos a liberdade? Quando fala que temos de odiar a análise por sermos confrontados por pacientes revestidos por seu próprio id e que dobram e guardam seus próprios egos e superegos, e que não conseguimos nos confrontar com isso, mas que, se fôssemos mais sábios, poderíamos seguir a linha do id...

B. Não. Apesar disso, sugiro que alguém aqui pode, em vez de escrever um livro chamado *A interpretação dos sonhos*, escrever um livro chamado *A interpretação dos fatos*, traduzindo-os em linguagem dos sonhos – não apenas como um exercício perverso, mas para conseguir um tráfego em duas mãos.

P. Será que o pensamento é tão doloroso para nós pelo fato de não termos a coragem de enfrentar os limites que nos mostram o que não pode ser entendido?

B. Não. Penso que o "pensamento" é doloroso por ser uma nova função da matéria viva. Não quero sugerir que algumas plantas não tenham mente, pois não sabemos que espécie de mente seria a mente vegetal – por exemplo, aquilo que pode existir na armadilha para mosquitos da dioneia (*Dionaea muscipula*).[13]

---

13 Trata-se de uma planta insetívora. [N.T.]

Terceira

Bion. Gostaria de enfatizar uma eterna questão que me parece ser da maior importância. Entendo por "eterna questão" aquela sem resposta permanente; uma questão sempre aberta.

É de bom alvitre que um analista, de tempos em tempos, se questione: por que está fazendo análise? Pretende fazer amanhã? E no dia seguinte? E assim por diante. A pessoa acaba se habituando a tomar como garantido que decidiu ser analista para toda a vida, como se isso fosse uma questão fechada; enquanto, acredito, ser importante poder tornar essa questão algo aberto. [Na prática analítica, o instante específico dessa questão geral é alcançado pela decisão de continuar ou parar uma análise.]

A emergência desse problema requer reflexão cautelosa por parte de um analista, em relação ao modo pela qual expressa esse mesmo problema para um analisando; só o analista pode dizer qual linguagem é falada e como formular tal linguagem. "Por que o senhor apareceu neste local?"

Há inúmeras respostas: o paciente foi aconselhado a vir, nos foi recomendado, ouviu falar a nosso respeito. Isso não nos revela nada; é uma resposta superficial. Permanece, entretanto, a eterna questão – por que esse paciente, que veio por três anos, quatro anos, cinco anos, três semanas ou três sessões, veio mais uma vez? Pode ser que tenhamos uma ideia do por que esse paciente veio ontem; só que ontem não é hoje. Podemos ter uma opinião que está constantemente se modificando, sob o impacto da experiência – a qual continua acontecendo; portanto, tratá-la como se fosse um assunto fechado não deixa espaço para desenvolvimento.

Pergunta. O senhor chegaria ao ponto de perguntar: "O que vou tirar desta análise para mim? – sem se preocupar com outra pessoa".

B. De qualquer modo, todos nós alcançamos esse ponto. Não gostamos de admitir isso, pois não soa muito respeitável dizer, por exemplo, que estamos aqui por tirar algo disso, ou que somos analistas porque até agora isso nos pareceu recompensador. No entanto, basicamente, a pessoa tem de levar isso em conta. Se estamos investigando algo na área médica, podemos, como John Hunter,[1] expor-nos à infecção – com resultados desastrosos. Em análise, até que ponto é sábio expor a si mesmo à experiência emocional? Quando me coloco como analista, não posso ter um colapso como

---

[1] John Hunter (1728-1793) foi um cirurgião inglês. Teria abreviado severamente sua própria vida no intuito de demonstrar relações entre sífilis e gonorreia: ele se inoculou com sangue contaminado com *Treponema pallidum*. A historiografia médica sul-americana registra episódio semelhante com Daniel Alcides Carrión (1857-1885), estudante de medicina, inoculado, com consentimento, em 1885 pelo médico Evaristo Chávez com sangue contaminado. Sua intenção era demonstrar a etiologia bacteriana comum de duas doenças: febre de Oroya e verruga peruana. [N.T.]

resultado das forças emocionais às quais me expus? Serei suficientemente robusto e saudável para aguentar a pressão?[2]

P. O que dizer sobre o lado oposto? Seria sanativo, de algum modo, o médico saber que ajuda o paciente?

B. Não há chance de sabermos, a menos que o médico permita-se estar cônscio de sua própria consideração a respeito do que ele pode obter com a atividade. Um médico pode, como instinto, acreditar ser útil para seus companheiros. Nesse caso, retira algo do ato de ser médico, correndo o risco de ficar com as reclamações. Entretanto, pode ser que não se dê conta de que isso não é um componente necessário; portanto, fica sujeito a uma situação emocional poderosa sem ter levado em consideração se realmente quer ajudar alguém. A situação nunca é tão bem delineada; coloco de modo extremo. Com o tempo, algo começa a se impor: nós nos tornamos conscientes da existência de alguma insatisfação, a qual se acumula sem oferecer saída.

O. Em Nova York, durante alguns anos, muitos círculos não aceitavam a teoria kleiniana. Atualmente, há grande aceitação, mas também há conflito considerável com técnicas psicanalíticas; o grupo mais clássico adere, ou o fez muito recentemente, à definição muito mais estrita de transferência; não fazem o mesmo tipo

---

2 Ficou estatisticamente estabelecida, no início do século XXI, uma hipótese surgida logo após o falecimento de Bion, no último quarto do século XX: a atividade médica abrevia o tempo de vida de boa parte de seus praticantes, em proporção significativamente maior, comparada à população geral. A hipótese emergiu após a constatação – igualmente estatística, em estudos prospectivos controlados – de que a taxa de mortalidade (por uso de drogas e suicídios) em estudantes de medicina é maior do que em estudantes de outros cursos. Em psicanálise, logo na primeira geração, com o falecimento de Karl Abraham (1877-1925), fez-se a hipótese de insalubridade no exercício da atividade; no século XX, isso se dá em razão de complicações de doenças ateroscleróticas e, no século XXI, por conta de neoplasias. [N.T.]

de interpretação precoce, têm pouco contato com os processos psíquicos. O senhor pode compartilhar alguns de seus pensamentos a respeito dessas diferenças?

B. Jamais estive particularmente consciente de ser diferente de qualquer outro analista. *Fiquei* cônscio de não saber tanto sobre psicanálise quanto gostaria; isso fica sempre muito claro quando falo com outro analista e comparo as ideias dele com as minhas. E também quando falo com meus pacientes, que constantemente demonstram o quanto não sei a respeito desse assunto. Isso não difere de nenhum outro tipo de padecimento humano; as pessoas aprendem o quão doloroso é prosseguir vivendo; ansiedades de todas as espécies as assaltam; querem alguma assistência. Grande número de pessoas chega ao ponto de se casar sem considerar o que querem tirar disto...

O. Isso vale tanto para os kleinianos quanto para freudianos...

B. Também penso desse modo – é fácil falar "Sou casado". Podemos conseguir uma certidão, podemos fazer com que o Estado dê substrato à tal ideia.[3] Em análise, podemos nos autodenominar "um kleiniano" ou "um freudiano". Se isso tem algum significado, é outra história.

O. Sua incerteza reflete aquilo que todos nós, muitas vezes, sentimos. Só que na literatura psicanalítica, somos frequentemente defrontados com certezas estranhas a nossa experiência pessoal; referências a seio, pênis, pênis dentro da mãe, todo tipo de coisa que, como o senhor bem sabe, não soa – nem um pouco – como algo incerto.

---

3 Esta questão, de certidões oficiais, verdade e mentira, fica melhor explicitada no texto "O sonho", em *Uma memória do futuro* (São Paulo: Martins Fontes, 1988, v. I, p. 8; Londres: Karnac Books, 1992, p. 4. Publicada originalmente em 1975). [N.T.]

B. Temos de fazer uma tentativa para tornar claro aquilo sobre o que falamos. Uma definição que evita ser vaga, torna-se dogmática: é uma questão de julgamento. Se um paciente diz, para mim "Não sei o que o senhor quer dizer", respondo "Se o senhor presume que falo aquilo que quero dizer, o problema agora é aquilo que quero dizer". Responder a uma questão por meio de elaborações posteriores arrisca uma distorção daquilo que eu, como analista, falei tão claro como podia.

O. Há algo que estou lutando para entender – sua noção do analista se autoesvaziar de memória e desejo. Um modo como compreendo fica nos seguintes termos: tentar me fazer tão receptivo quanto possível para aquilo que o paciente está tentando me comunicar. Mas, da forma como trabalho, parece-me que minhas próprias memórias e desejos desempenham um papel importante em meu entendimento daquilo que meus pacientes me dizem. Sinto que fui apanhado por um paradoxo.

B. [Sobre isso, concordo com esse colega: para evitar distorções advindas dos efeitos da história de cada, supõe-se que analistas sejam analisados. Na prática, isso significa que "conscientemente" a pessoa tenta excluir suas próprias memórias, portanto, livrar-se de memórias; pela mesma razão, a pessoa precisa "conscientemente" excluir desejos. Quando não fomos analisados, ou quando estamos cansados, aparece o perigo da introdução de memória e desejos.] Quanto mais uma pessoa fica ocupada com aquilo que quer que aconteça, com aquilo que aconteceu, ou com aquilo que ela sabe sobre o paciente ou sobre psicanálise, menos espaço sobra para a incerteza. Se me torno cada vez mais dogmático, tendo mais e mais certeza de que o paciente, na última sessão, me disse isso, aquilo ou outra coisa, sei que vou acabar ficando cansado. Quando estamos cansados, é difícil sermos receptivos. O ator tem de aprender a articular de tal modo que fique audível no início *e* no fim de uma peça: o analista tem de ser receptivo e sensível no começo e no fim da sessão.

É fácil recair no sentimento reconfortante de que se sabe muito a respeito de um assunto e que o paciente também pensa assim; faz-se um contrato. Lembro-me de uma rima a respeito de dois famosos historiadores de Oxford – Freeman e Stubbs:[4] "Stubbs engraxa Freeman; Freeman engraxa Stubbs; / Cada um extrai a graxa de sua própria lata".

O. Enquanto o senhor falava, fiquei pensando no que importa para um paciente: imagino que seja o fato de que o "*self*" desse mesmo paciente nasceu. Que esse "*self*" tenha nascido, cresça e se expresse depende do espaço deixado pelo analista, quando este deixa de lado suas próprias expectativas e memórias.

B. Isso mesmo. Um paciente pode dizer "Tive um sonho terrível na noite passada", falado tão rapidamente que quase não notamos. Sonhos "terríveis", experiências "terríveis" – ouvimos sempre esse tipo de discurso. No entanto, se somos sensíveis, podemos

---

4   No original, "*Stubbs butter Freeman, Freeman butter Stubbs / Each ladling butter from his respective tub*". No mandato do primeiro-ministro William Ewart Gladstone (1809-1898), dois historiadores e professores de Oxford, Edward Augustus Freeman (1823-1892), que também exercia arquitetura e política, e William Stubbs (1825-1901), que também exercia ministério religioso anglicano, fizeram uma espécie de "sociedade de admiração mútua" – tema criticado por Bion em "O sonho", texto de *Uma memória do futuro* (São Paulo: Martins Fontes, 1988, v. I, p. 209; Londres: Karnac Books, 1992, p. 196), e em "O passado apresentado" (Rio de Janeiro: Imago, 1996, v. II, p. 27; Londres: Karnac Books, 1992, p. 246). O dito original, um pouco diverso dessa citação de Bion, foi expresso em uma carta de Freeman para o professor de direito James Bryce (1838-1922), em 1878: "*See, ladling butter from alternate tubs, Stubbs butter Freeman, Freeman butter Stubbs*" ("Veja só, Bryce: alternando latas, Stubbs engraxa Freeman, Freeman engraxa Stubbs", em tradução livre). Reproduzido em: A. Brundage; R. Cosgrove, *The great tradition constitutional history and national identity in Britain and the United States: 1870-1960*. Stanford: Stanford University Press, 2007. [N.T.]

dar início a um sentimento: há algo além da afirmação comum. Há sentimentos dos quais os próprios pacientes dão um jeito de escapulir, não querem nos contar o quão aterrorizados estão nem como é desagradável tal sentimento. Se chegam ao ponto de admitir isso, é provável que digam "Eu estava bem até que vim vê-lo; aí comecei a ficar aterrorizado; fico com medo de quase tudo o que tenho de fazer". É claro que não estamos tentando amedrontar os pacientes, mas estamos tentando fazê-los conscientes daquele sentimento de terror. Um paciente ejeta uma série de observações, convidando-nos a não prestar atenção nelas; concorda conosco que os dois progrediram e que os dois estão muito melhores. Aí ouvimos, em continuação, que esse paciente se suicidou. Os sentimentos eram de tal intensidade que, enquanto emitia a fase "Tive um sonho terrível", não permitia que você e ele soubessem o quão terríveis eram esses sonhos.

Quando um paciente chega a nosso consultório, o que vemos? Geralmente, um indivíduo maduro, articulado, muito parecido com qualquer outro indivíduo maduro: esse mesmo paciente também vê algo muito semelhante. De qualquer modo, já ouviu falar de jargões psicanalíticos, tendo se acostumado com o fato de que não significam nada. Naturalmente, pressupõe que o significado do que o analista diz não é bem aquilo que está falando. No entanto, analistas precisam estar conscientes de que o paciente *atribui* significados às coisas que ele mesmo, o paciente, fala, ainda que possa falar de modos realmente muito sutis. Podemos nos permitir não ficar tão dominados pelos ruídos dos pacientes – "Quando estava chegando, vi um acidente na rua…". Isto é perfeitamente certo, só que a maneira barulhenta com a qual o paciente pode descrever o espetáculo torna difícil ouvir esses outros ruídos, que não são feitos de modo muito claro. [São essas experiências "esquecidas" – "inconscientes", "reprimidas", mas nem por isso menos ativas – agora redespertadas pelo estímulo imediato ao acidente; ao mesmo tempo a experiência imediata foi reforçada pelo elemento "esquecido".]

Temos de manter nossos sentidos bem abertos para perceber todo tipo de características escondidas. A maioria das pessoas não enxerga qual é o problema com alguém exibindo palidez; médicos devem estar capacitados a enxergar que uma palidez pode indicar uma condição anêmica. Há algo mais na palidez ou descoloração de um paciente; algo diverso de alguém que tem uma palidez comum, diária. Isso também se aplica ao que o analista vê e ouve do paciente.

O. Há uma diferença na cultura kleiniana: pode ser que as interpretações sejam mais crípticas ou mais relacionadas com a percepção do analista do que com algo que se encaixasse no que ocorre a partir do paciente. Certa orientação pode dar uma luz a nossa interpretação.

B. Sem dúvida. Essa é uma das razões de minha recomendação sobre a necessidade de se despir de memória e desejos.

O. Kleinianos dizem que usam suas próprias fantasias terapeuticamente – a reação contratransferencial, o todo da reação de uma pessoa para com o paciente, e algum tipo de comunicação inconsciente entre o paciente e o analista.

B. Fico feliz que kleinianos façam isso; se gostam de fazer dessa forma. Por mim, tudo bem. No entanto, tal atitude não é boa para mim.

P. Então o senhor poderia nos contar mais sobre si mesmo... Como o senhor trabalha?

B. É isso o que estou fazendo.

O. Recentemente, o senhor disse-me que, na época em que esteve envolvido com Melanie Klein, fez "pé firme" em ser o senhor mesmo, nas ocasiões em que a questão era pensar e reagir – isso era uma condição muito importante para se estabelecer no relacionamento.

B. Sim. A senhora Klein respondeu dizendo que tinha condições de concordar, de tolerar minha postura. Não penso que fosse particularmente aceitável, pois ela queria que ficasse claro que, quando dizia que uma criança evacua partes indesejáveis de sua personalidade e as lança em outra pessoa, queria dizer exatamente isso. Não queria que alguém supondo que isso não fosse sua opinião. Eis aí o dilema: Klein tinha de ser suficientemente dogmática para dizer "Esta é minha opinião: trata-se de uma *phantasia* onipotente". No entanto, sinto que sou exposto em meu gabinete a algo que não é apenas uma *phantasia* do paciente.

Pode haver milhões de explicações racionais; o paciente pode dizer coisas que são de tal forma exasperantes, e ficamos irritados e incomodados. Pode-se dizer que o paciente fica cindindo seus sentimentos de hostilidade e os coloca no analista. Só que talvez não seja tão simples assim; talvez algo realmente ocorra quando duas pessoas estão tão proximamente associadas, como ocorre em uma experiência psicanalítica. Se esses elementos não existem, para que, então, fazer psicanálise? Se você está simplesmente conversando com alguém, por que chamar isso de psicanálise? Por que tolerar anos de sessões a respeito de nada em particular? Deve existir alguma realidade que corresponda a esse termo "desprovido de qualquer significado":[5] "psicanálise". É apenas uma invenção; um ruído verbal; no entanto, penso que esse termo foi inventado por existir algo, para o que é necessário haver um nome.

P. Apesar de o senhor dizer que trabalha com o paciente mantendo sua mente aberta e vazia, há algo de resoluto nas descrições

---

5 No original, *"meaningless"*, entre aspas. [N.T.]

que nos fornece. Por outro lado, há uma noção de algum tipo de mudança ou crescimento que ocorre no senhor em conjunto com o paciente. Pode comentar a respeito dessa aparente contradição? Minha outra pergunta é: será que o senhor pode ver a si mesmo aprendendo sobre reação contratransferencial em relação a seus pacientes?

B. Vou partir da sua segunda questão: meu entendimento do significado correto do termo "contratransferência" é de que se trata de algo *inconsciente*; e já que é inconsciente, o analista não sabe o que é. Então, tenho de tolerar o fato; espera-se que eu fique consciente de que tenho determinados elementos sobre os quais nada posso fazer, a menos que vá há um analista e nós dois tentemos lidar com esse tipo de coisa. É uma questão de tornar proveitosa, uma má tarefa. Essa má tarefa acontece comigo. Não posso ser analisado por completo – não acho que isso exista. Algum dia, devo parar; depois disso, vou ter de fazer, daquilo que sou, o melhor que posso.

Em resposta à sua primeira pergunta: supondo que sejamos realmente resolutos, alguém pode querer saber qual foi nosso problema. Os tempos passam; ficamos mais idosos; se nossas ideias continuam as mesmas, deve haver algo errado. É muito provável que não consigamos perceber a mudança que está ocorrendo conosco; o trabalho real que fazemos tem um efeito sobre nós, seja esse trabalho organizar uma loja, ser um médico, um cirurgião ou um analista. Pode ser que esse efeito não fique totalmente claro. Quando éramos jovens, os adultos diziam: "Como você cresceu!". Então o colocavam contra uma parede, marcavam a altura, e lá estava! Estava o quê? A prova de que havíamos crescido. Mas se a criança está realmente "crescendo", não podemos colocar a personalidade contra a parede e marcar seu crescimento.

O. Participando de um seminário de Donald Meltzer, fiquei com a impressão de que Melanie Klein emitia observações interpretativas quase que constantemente, constituindo um tipo de ruminação – ela ruminava em voz alta.

B. Eu não denominaria ruminações; penso que Melanie Klein fazia um fluxo contínuo de interpretações. Posteriormente, pensei que essas interpretações ficavam demasiado coloridas pelo desejo de defender a acurácia das teorias, de tal modo, que Klein perdeu de vista a suposição de que interpretava os vários fenômenos que eram apresentados a ela.

P. Nós observamos um paciente que está na sala conosco; podemos ter alguma impressão; temos de decidir se vamos comunicá-la ou guardá-la para nós mesmos. Como o senhor lida com essa questão?

B. Tenho de agir "esporeado pelo momento",[6] como costumo denominar isso; somos levados pelo momento. Se decidimos não dizer aquilo que pensamos estar observando, o paciente pode não aparecer novamente. Se falamos o que pensamos, o paciente pensa: "Não vou mais conviver com uma pessoa que me conta histórias alarmistas; é claro que ele quer minha presença para fazer análise; é claro que obtém lucro com pacientes e, naturalmente, vai dizer que preciso de análise". Então, devemos reagir na espora do momento. Seria realmente surpreendente se sentíssemos nossa reação como algo que não deixasse muito a desejar.

---

6 No original, "*in the spur of the moment*"; trata-se de expressão idiomática altamente significativa em inglês. Apesar do pouco uso atual dos termos correlatos, como o verbo "esporear" (usado em hipismo) ou "esporão" (substantivo), é ainda muito usado em pediatria como termo técnico para se referir aos vários estágios de instigação natural do crescimento infantojuvenil. Por essa razão, resolvemos utilizá-lo, já que permite versão mais precisa em nossa língua. Outros termos, como incitado, impulsionado, aguilhoado etc., que poderiam servir de versões, parecem perder parte do sentido original, que enfatiza uma situação natural, sem causas externas. [N.T.]

P. Se o analisa, além de ter sua própria impressão, fica pensando conceitualmente sobre o estado do ego, sobre o estado das resistências, sobre graus ou ritmos de simbiose, de individuação, de libido, e assim por diante, será sempre uma observação? O senhor enxerga esses conceitos como primariamente encobridores e enganadores, no sentido de nos fazer crer que sabemos mais do que realmente sabemos? Ou será que tais hipóteses de trabalho sempre são valiosas?

B. Penso que são um bocado úteis por três sessões – se temos sorte suficiente de estar com o paciente por três vezes sucessivas. Nada sabemos a respeito do paciente; temos, portanto, de formular algum tipo de opinião teórica – neste exemplo, as teorias tomam o lugar dos fatos, pois não há fatos. Depois disso, esperamos ter a capacidade de não permitir que nossas preocupações teóricas obscureçam as impressões às quais precisamos estar expostos. Coisa nada fácil de fazer – há algo de muito errado com nossos pacientes se não podem nos fazer de bobos. Ao mesmo tempo, há algo de muito errado com analistas que não toleram ser feitos de bobos; se podemos tolerar isso, se podemos tolerar o estado de irritação, podemos aprender algo. Não é necessário nos preocuparmos com todas essas teorias a respeito do que o analista *deve* ser; aquilo que devemos ser não tem a menor importância na *prática* da psicanálise ou na prática de qualquer aspecto da vida real. O que importa é aquilo que somos.

O. Fiquei perturbado com a questão da contratransferência. Nos últimos quinze ou vinte anos, alguns de nós começaram a se dar conta de algo que seria, segundo o costume, digno de culpa, ao vivenciar e atuar com um paciente: uma experiência humana que ocorre na interação paciente-terapeuta relacionada ao passado do terapeuta. Notei em *Second thoughts* que o senhor se refere, várias vezes, à contratransferência como se acreditasse que é conceito teórico. Queria obter um processo, não uma teoria. Se reagi de maneira muito forte frente a um paciente, posso, depois de refletir, sentir que reagi de modo a ter passado dos limites, perguntando para mim mesmo: "Quem esse paciente relembra? Parece que estou alérgico a algo em nossa relação, detonado em meu ser neste momento com aquele paciente; então, intelectualmente por meio da memória e do sentimento de outras associações, dou-me conta de que de alguma forma essa pessoa realmente relembrou minha irmã, em um período precoce em minha vida".

Posso, então, concluir que vivenciei uma reação contratransferencial, tendo exibido evidências dessa situação durante minha vida, e que agora há uma reação exagerada – ou creio, nesse momento, ter sido uma reação exagerada. Dependendo do fato de que, em meu sentir, era ou não era apropriada, posso – ou não – compartilhar com meu paciente aquilo que pareceu útil para mim. No meu trabalho futuro com esse paciente, talvez possa utilizar de modo mais aberto aquilo que rotulo "minha contratransferência". O senhor nos diz que é uma experiência inconsciente e pelo fato de ser inconsciente no momento em que ocorre é, portanto, indisponível; sem um valor particular. Em certo sentido, o senhor a descarta. Fiquei confuso.

B. Diria que, enquanto se está com o paciente, não há nada que se possa fazer a respeito disso. Só que, graças ao que o senhor disse, pode-se decidir, em considerações posteriores ao momento da sessão, que sua reação foi algo que pode ser colocado na categoria da contratransferência. Penso que é possível fazer esse tipo de ato. Dessa forma, o senhor tem uma chance de aprender algo a respeito de *si mesmo* – é um dos "benefícios marginais"[7] de nossa atividade de psicanalistas.

---

7 No original, *"fringe benefits"*. Prática empresarial corrente ligada à imposição de taxas governamentais excessivas, oferecendo benefícios à margem para

O. Estou interessado nos seus conceitos de continente, que se ajustam a algumas das diversas visões a respeito de contratransferência. O colega que acabou de fazer uma pergunta falou a respeito da visão mais clássica de contratransferência: algo de nosso próprio passado, que transferirmos ao paciente. Penso que a visão kleiniana nos diz que o paciente nos induz a certas reações; o paciente cliva aspectos bons dos maus aspectos de seu próprio *self* e os projeta no analista. A partir daí, o analista é induzido a se sentir e a se comportar de determinadas formas. Muitos analistas permanecem totalmente inconscientes da espécie de contratransferência da qual falam os kleinianos. Alguns dos novos conceitos de contratransferência são inúteis. Em vez de ficar sentado na poltrona, sofrendo, ficando irritado com o paciente, podemos ver tais conceitos e a própria contratransferência como um meio de entediar e desumanizar o analista, assassinando-o por mantê-lo à distância. A reação do analista pode ser usada de um modo terapêutico; de fato, alguns dos pensadores modernos em psicanálise sentem que a contratransferência pode ser uma das coisas mais valiosas na análise; sentem que a relação terapêutica negativa aparece dessa espécie de contratransferência negativa, mais do que qualquer outro fator em análise.

B. Se isso não aparece na análise, há algo de errado nessa análise. Somos animais extremamente perigosos; de todos os animais ferozes que habitam esta terra, o ser humano conseguiu matar todos os seus rivais – exceto o vírus. No fim da Primeira Guerra Mundial, a gripe espanhola[8] matou um número maior de pessoas

---

empregados (em empresas privadas) ou funcionários (em empresas públicas) sob forma extrassalarial, como transporte, alimentação, assistência médica ou educacional. [N.T.]

8 No original, *"flu epidemic"*. Ainda considerado como o maior desastre pandêmico (segundo epidemiologistas, algo mais devastador que epidemias) de toda a história universal. Entre 20 e 40 milhões de pessoas foram mortas pelos

do que a própria guerra. Mesmo levando em conta a nossa maravilhosa destrutividade, não somos tão eficientes quanto os vírus.

Em uma sessão analítica, ficamos nos ocupando e nos preocupando[9] com dois animais perigosos e ferozes. Um dos quais – e possivelmente os dois – tem, ao mesmo tempo, desejo de ser amigável e útil em relação ao outro. Os pais continuam mantendo um impulso de prosseguirem sendo úteis para suas crianças, mesmo depois de tê-las entregue ao mundo, quando vão ganhar sua própria vida. Na relação analítica, geralmente não estamos lidando com uma relação de sangue, mas com uma mente, muito parecida com a nossa. Acho que ficamos sob uma obrigação de permanecermos civilizados; no entanto, permanecer civilizado não se iguala ao estado de inconsciência em relação ao que realmente parece ser o caráter humano.

---

vírus Influenza (A, B e C), logo após o armistício que colocou fim ao que ficou conhecido como Primeira Guerra Mundial (1941-1918), responsável pela matança de 16 milhões de pessoas, entre civis e militares. O episódio pode ser comparado com outras epidemias posteriores e também com a Segunda Guerra Mundial (1939-1945), por muitos considerada continuação da primeira. [N.T.]

9 No original, "*concern*". O uso do termo, em português, "preocupação", expõe-se a críticas altamente justificáveis. Oferece gama talvez excessivamente ampla de significados; pode incluir preconceitos – o que não é o caso, no contexto do escrito de Bion. Também pode, no entanto, incluir preconcepções (utilizando a terminologia de Bion) – na visão deste tradutor, de base instintual, de herança filogenética ou de aquisição por meio de experiência – e intuição sensível. Além disso, o termo em inglês sempre inclui significados como atenção e cuidado, e ainda olhar. A escolha deste tradutor contempla estas últimas possibilidades. Trata-se de mais um termo – algo extremamente comum em inglês – impossível de versão literalmente adequada; não há palavras em português cujo campo semântico possa substituir o termo de modo preciso, pelo fato de que o sentido sempre depende do contexto e da dinâmica da frase em inglês. [N.T.]

Estamos nos ocupando e nos preocupando com impulsos poderosos que são tudo, menos civilizados – assassinato, ódio, amor, rivalidade. Então, temos de estar sensíveis e conscientes da poderosa natureza emocional dos dois objetos na mesma sala ao mesmo tempo – assim como estar sensível e consciente em relação ao elemento que deseja ser útil. Mesmo um paciente hostil gostaria de ser útil ao analista, transformando a análise em algo eterno, para não precisar mais encontrar nenhum outro amigo – apenas gruda em um amigo naquele consultório.

Ficamos frente a frente a um paradoxo; nós dois lutando para reter alguma capacidade civilizada na medida do possível e ao mesmo tempo tentando fazer com que fique evidente a natureza primitiva e perigosa da situação.

P. Se somos muito civilizados, é possível que o paciente nos destrua?

B. Sim. Traduzindo o enunciado de Kant[10] àquilo com o que estamos familiarizados: o indivíduo é intuitivo, só que não casa sua intuição com nenhum conceito. Se a teoria kleiniana tem algo a ver com fatos reais, crianças devem ser kleinianas maravilhosas, pois sabem tudo a respeito do que é *sentir*-se criança. Porém, não obtém qualquer conceito: não podem escrever nenhum desses grandes livros – seus conceitos são cegos. Depois acabam esquecendo como é se sentir aterrorizado; pegam umas palavras que permanecem vazias – "Estou aterrorizado". É necessário que nos demos conta de que se trata de uma frase vazia; é um conceito apenas verbal, falta-lhe intuição. Se podemos chamar a atenção a esse fato, então é bem possível que o *conceito* e o *sentimento* de terror possam se casar. [O procedimento analítico é uma tentativa de introduzir o paciente a quem ele é, pois, goste ou não, isso é um casamento

---

10 Ver na segunda palestra trecho: "intuição sem conceito é cega; conceito sem intuição é vazio" (p. 44).

que vai durar tanto tempo quanto a vida do paciente. Quando o paciente fala de terror, realmente sabe sobre o que está falando. É inútil para o analista falar de alguma teoria psicanalítica a menos que possa dizer "*Isso* é tal coisa".]

O. O senhor acabou de falar que toda criança é uma kleiniana; fiquei pensando se também é verdade dizer que todo kleiniano é uma criança.

B. Absolutamente verdade, mas, infelizmente, os kleinianos são crianças, mas se parecem muito com adultos. Todos nós temos essa ilusão, de que somos adultos, de que alcançamos o pico e de que não temos mais nada a aprender. É por isso que sugiro que se formule uma questão que seja aberta... Por que estou fazendo análise?

O. Desejo oferecer uma asserção e pedir sua opinião a respeito. Cheguei à conclusão de que um dos mitos analíticos que ficamos contando a nossos estudantes é o *incógnito* do analista. Acho que não existe tal coisa. Tive uma discussão com um colega há algum tempo. Disse: "Todo mundo sabe que o paciente está ligado ao analista, mas na mesma proporção o analista está ligado ao paciente". Em outras palavras, o paciente sabe tanto a respeito do analista quanto o analista sabe a respeito do paciente. É claro que a diferença reside naquilo que cada um faz com esse saber; os conceitos de transferência e de contratransferência são engenhocas que nos ajudam a conceitualizar algo, mas não servem para nada além disso.

B. [Estaria, materialmente, de acordo. No entanto, jamais descreveria transferência e contratransferência como "engenhocas" artificiosas, mas como conceitos para formular observações iluminadoras de Freud. Nós, que realizamos a prática, temos de trabalhar sobre a realidade por detrás desses conceitos.][11]

---

11 Trecho acrescentado. Não se sabe qual foi na resposta de Bion na ocasião. [N.E.]

O. Estive pensando a respeito de seu trabalho *Experiências em grupos*; fiquei pensando se vi o pressuposto de dependência ocorrendo, bem aqui, nesta sala. Todo mundo estava dizendo "ensine-nos; mostre-nos; o senhor sabe qual é seu pensamento; seu brilhantismo"...

B. Sem mencionar a pressão para que a pessoa acredite que é mesmo brilhante.

O. Sim, da mesma forma que a audiência. Mas o que acontece na reação à frustração quando o pressuposto de dependência não é gratificado?

O. Não tenho certeza se o senhor dá respostas ou faz interpretações.

B. Ambas são interpretações de impressões; tenho uma impressão, à qual me exponho; então traduzo-a em termos verbais. Só que, em relação a isso, fico dependente do meu aparato sensorial e de minha capacidade de interpretar o que dizem meus sentidos.

O. Também senti que o senhor ficou interpretando, em vez de responder a nossas questões. Fiquei pensando se é essa a maneira real que o senhor funciona com um paciente; usando suas próprias percepções...

O. Como se o uso de si mesmo fosse similar ao diamante que recebe e reflete de volta.[12]

P. A discussão sobre o embrião é, na verdade, uma discussão a respeito do que somos?

B. Analogicamente, podemos dizer que a própria psicanálise está no nascedouro, de tal forma que não sabemos muito a respeito do desenvolvimento dela, ou se esse desenvolvimento particular, imprevisível, vai ocorrer. Isso pode ser desprazenteiro; analistas

---

12 Ver p. 26. [N.T.]

podem sentir: "Não gosto de ficar consciente sobre o universo no qual vivo".

Depois da Primeira Guerra Mundial, todo mundo decidiu que as Forças Ocidentais tinham vencido e que, desde então, teríamos uma época ótima – tudo iria correr bem. Santayana escreveu que a guerra não era uma aberração da qual teríamos de retornar à nossa alegria e à vida normal – escreveu que se tratava apenas de aperitivo ao *retorno* do estado normal das coisas – luta, destruição, rivalidade, ódio.

P. O senhor diz, frequentemente, que há muito a respeito da análise que não entendemos; tenho o mesmo sentimento. Pode nos contar de um caso atual em que o senhor não soube o que estava ocorrendo? O que o senhor fez ou o que pensou a respeito? Como o senhor tentou entender?

B. Um paciente exclamou: "Tive um sonho horrível; sonhei que estava sonhando e, de repente, descobri que a correnteza estava me levando direto a uma represa; ia ser sugado, destruído. Vou contar: nunca acordei tão rápido em minha vida". Temos aí uma curiosa afirmação. Podemos pensar, ordinariamente, que, se estamos nadando e nos encontramos nesse tipo de situação, podemos tentar sair da correnteza. No entanto, dizer que isso é um sonho tão terrível, que "vou contar, nunca acordei tão rápido em minha vida", trata-se de algo peculiar. Exige certa discriminação: não é a forma pela qual estou acostumado a falar, tampouco é o modo que estou acostumado a pensar. A coisa extraordinária é que esse paciente em particular sempre conseguiu ganhar a vida; era casado e tinha família. Então, deve haver algo correto naquilo que relata; algo a respeito desse modo de pensar que não compreendo, mas que deve ser útil. Gostaria de saber o que é. Pensei a respeito disso centenas de vezes – mas nem sequer me aproximo de um estado em que possa dizer que entendo.

Existem outras situações semelhantes. É difícil comunicar a situação factual. O paciente falou – o quão próximo posso estar de uma reprodução do que essa pessoa falou – "Estou perplexo. Passei por vários exames, mas não sei nada, absolutamente nada a respeito do assunto". O resto da sessão foi ocupada por uma conversação que poderia parecer um vínculo entre minha pessoa e esse paciente, pois usávamos palavras comuns. No entanto, inexistia qualquer ideia de quem era o paciente, ou qualquer ideia de quem era – havia apenas o vínculo entre nós dois. Essa é uma conversa esquisita, em que – colocando em termos matemáticos – há sinais de adição e de subtração que intentam significar divisões, divisão de x por y, mas nenhuma menção a respeito do que é x por y ou quais são as duas parcelas a serem somadas ou subtraídas.

P. O senhor afirma que não poderia dizer, com base na conversa do paciente, por que dizia essas coisas?

B. Eu não tinha a menor ideia. Antes de tudo, gostaria de saber qual era a língua – não é matemática. Parecia ser inglês estadunidense ou britânico; *parecia* ser, mas não era. Posso dizer que era uma questão semântica, mas não era. Posso dizer que é uma linguagem na qual a sentença é composta apenas de conjunção. Só que essa conversa parece ter um efeito; o paciente permaneceu comparecendo e continuei concordando em vê-lo, mas não sabia, nem sei, o que isso está produzindo e que efeito tem.

Disse ao paciente: "O senhor não me contou por que veio".

O paciente respondeu: "Não contei? Não estava fazendo nada de mais". Só posso presumir que esse paciente esteja correto; por que se aproximou de minha pessoa? Não sei.

P. Como o paciente reagiu ao saber que o senhor não fazia a menor ideia do porquê ele estava lá, apesar de sua crença de que essa pessoa fez esforços repetidos para se comunicar? No que isso contribuiu para que o paciente soubesse que o senhor ficou confuso?

B. [Se o paciente "sabia que estou confuso", não estava ouvindo aquilo que disse: "não sei" não é a mesma coisa que "estou confuso". Posso estar confuso ou irado ou assustado, mas esses são assuntos privados que considero irrelevantes. Não me importo se o paciente me "analisa"; o fato importante é que ele veio para ser analisado. O que é importante é se *ele* está confuso ou irado ou assustado, e é importante que eu o deixe consciente de tal situação. É uma perda de tempo contar-lhe sobre meus problemas, sejam quais forem – isso é assunto meu e de meu analista.]

P. Esse paciente não quer que o senhor saiba o que está ocorrendo.

B. Penso que pacientes querem que eu saiba; esperam que eu saiba. Introduzindo uma irrelevância, caso me comporte como se não entendesse o que quer dizer, como se eu estivesse irritado ou entediado. O problema é que fico assustado quando não sei nada sobre o que está ocorrendo.

P. Voltando à afirmação do paciente: "Passei por exames, mas não tenho a menor ideia sobre esse assunto". A partir daquilo que o senhor nos disse, concluí que não fez nada a respeito dessa afirmação; o que se seguiu foi um diálogo sem sentido ou sem o menor entendimento. Tudo foi baseado naquela afirmação? Ou o senhor ignorou a afirmação? A afirmação fez algo com o senhor, Dr. Bion?

B. Chamei a atenção para o fato de que o paciente não falava uma linguagem que eu pudesse entender; portanto, não estava recebendo sua comunicação.

P. O senhor não fez uma tentativa de saber o que estava por trás da mensagem?

B. Sim, pois me parecia uma situação altamente perigosa.

P. Em um caso como esse, o senhor não seguiria o procedimento tradicional de análise, pedindo que o paciente apresentasse associações?

B. Sim. Assim que fico cansado, faço exatamente esse tipo de coisa. Digo "graças a Deus, temos um procedimento sacramentado".

P. Gostaria de clarificar o que o senhor falou a respeito da "evidência" para a verdade de uma interpretação.

B. Estou preparado para aceitar a teoria dos cientistas a respeito de evidências, algo que denomino prova apodítica,[13] fatos que são inescapáveis. Tais fatos se impõem sobre nós; algo acontece e nos faz aceitá-los como a prova de um assunto anteriormente controverso. Entretanto, o aparecimento desses fatos torna-se complicado pelo princípio da incerteza de Heisenberg. Se os físicos não podem dizer o que vem a ser um fato, então é possível a disseminação de ignorância e desaparecimentos de certezas.

O. Tive a experiência, em minha mente, da existência de uma evidência súbita da verdade.

B. Sim, ocorre algo que nos convence de que aquilo que foi dito é iluminador. Mas se trata de uma prova de quê? *É* outro assunto. Não penso que alguém possa dizer que tenha muito a ver com os fatos, exceto fatos sobre o animal humano como ele é; passamos por certas experiências que carregam convicção.

---

13 Isto é, "sem necessidade de provas". Expressão hoje em desuso, mas bem conhecida e, por vezes, utilizada por alguns teóricos da ciência, também denominados epistemólogos – atualmente um ramo da filosofia. Na investigação deste tradutor, as maiores contribuições a respeito dessa expressão originária da Grécia antiga foram feitas por Kant, em *Crítica da razão pura* (1781). Bion trouxe contribuições de Kant de modo explícito – implicitamente, já estavam na obra de Freud – para o movimento psicanalítico, em 1961, e nunca parou de utilizá-las. [N.T.]

P. Em *Aprender da experiência*, o senhor descreve desordens do pensamento e o ato de modificar uma experiência em vez de pensar. Isso se liga a seu relato sobre alguém que ficava falando, e falando, e falando, e o senhor não podia descobrir o vínculo?

B. Estou convencido de que o vínculo não se constitui como discurso articulado; é alguma outra coisa. Mais cedo ou mais tarde, alguém vai ficar exposto à experiência sobre a qual tenho falado, e esse alguém vai ser capaz de formular algo sobre essa espécie particular de "cordão umbilical" como um método de comunicação entre duas pessoas. Poderia dizer que esse tipo de conversa funciona como um seio que conectaria uma criança a uma coisa que tem uma mãe na extremidade, unindo seio e boca. Formular isso desse modo fica muito bem enquanto analogia, como imagem pictórica do que está se passando. Mas o que é a "coisa" acontecendo? Se alguém pudesse descer pela dupla hélice do DNA para um ponto na infância, talvez esse "alguém" hipotético soubesse.[14] Mas se alguém soubesse e alcançasse o mesmo ponto, porém em um nível diferente da dupla hélice do DNA, que tempo seria esse em que ainda não haveria boca nem seio, mas essa conversa específica[15] que é, apesar de tudo, efetiva? Já que o paciente fala comigo e faz uso de sua própria linguagem, devo estar capacitado a ser receptivo a tal linguagem, devo obter uma capacidade de ouvir essa comunicação e devo saber de onde veio essa comunicação do paciente. À medida que o paciente fala, quais as razões pelas quais não posso conhecer?

P. Será que o efeito dessa linguagem não se deu pela sua presença, Dr. Bion, como um continente ou um carregador de baterias?

---

14 Modelos analógicos baseados nos sistemas digestivo e reprodutor humanos foram usados em *Aprender da experiência* (1962) e no Prólogo do volume I de *Uma memória do futuro* (1975) e vivificados nos vários seminários em algumas cidades do mundo [N.T.]
15 Psicanálise ou algum desenvolvimento dela. [N.T.]

B. Possivelmente. Por que teríamos de saber? Sinto pressão para saber, pois veio-me um pensamento: não saber é perigoso. Posso me colocar em dificuldade caso não consiga entender qual é a conexão que entre alguém ou algo que não sou eu e aquilo que considero que seja eu mesmo.

O. Winnicott fala de uma situação analítica similar a objetos transicionais: a fantasia onipotente da criança é reforçada pela responsabilidade da mãe. Para muitos pacientes, a única situação analítica é a responsabilidade do analista tentando saber o que o paciente quer. É a experiência de ter alguém sintonizado nele.

B. Isso é uma ideia útil, se somos suficientemente idosos e inteligentes para sermos capazes de falar a língua inglesa do mundo adulto. Se um paciente está recaindo em um método de consciência que estava disponível na época em que foi um embrião e comunicava-se por meio de um meio aquoso, então, para tal paciente, pode ser óbvio *como* existe um contato – mas, para mim, a coisa não se passa dessa forma. É importante estar consciente de que a reação entre estas duas coisas – o paciente e eu – é apenas transicional: uma experiência transiente. Também é bom considerar que uma palavra como "transferência" possui penumbras de significado "transientes", apenas temporárias, aplicáveis naquele momento específico em que os dois caminhos se cruzam por um curto período, durante o qual o paciente emprega um modo de comunicação que sou capaz de receber, mas não sei como é feito. Entretanto, poderia ter o desejo de ser capaz de verbalizá-lo; gostaria de ser capaz de colocar isso em alguma linguagem – pintura, música ou matemática.

[O paciente que descrevi, que disse ter passado por um exame sem saber como foi, mostrou pela constante repetição desse estado de mente que o assunto importante não era expresso pelo significado comum das palavras. Estava sendo expresso pela reiteração monótona do que pareciam ser palavras. De modo sumário, só posso descrever tal expressão como uma contribuição "musical". Essa música, eventualmente, tornou-se clara para mim; fui capaz de dar a ele uma interpretação daquilo que expressava.]

Quarta

Observação. Fiquei pensando sobre a oportunidade que tive com uma paciente que voltou depois de dezessete anos. Recebi um telefonema; perguntou-me se me recordava dela. Na verdade, não; só conseguia me recordar do nome. Fiquei ponderando sobre um fato que essa senhora me contou: durante esses dezessete anos, permaneceu apensa a algo que eu havia lhe dito; para ela, uma espécie de mágica. O que me interessou foi o fato de que penso nunca ter lhe falado nada parecido; a rigor, não soava como algo meu. Foi o seguinte: "Não há nenhuma lei que a obrigue a ficar dentro da mira dele". Pode ser que eu tenha falado sobre a relação que essa senhora mantinha com um marido sádico, algo assim como ter o direito de não se submeter a sadismos, mesmo que se esperasse tal submissão. No entanto, eram as palavras que me interessavam; não acho que fossem minhas. Havia gratidão mágica na afirmação. Retornou com a esperança de que eu pudesse fornecer, uma vez mais, alguma frase para sua pobre alma sofredora. Essa pessoa havia tido uma vida terrível. Um de seus filhos havia morrido após ter sofrido uma queda dentro de um poço de elevador – em parte resultado de descuido do marido, que deixara as portas de sua própria fábrica abertas; outro filho, o mais velho, tinha morrido de câncer. Na primeira vez que a vi, suas primeiras palavras foram: "Tenho uns probleminhas", saindo-se com esses relatos horrorosos. O que me interessou foi ver Dr. Bion falar sobre a linguagem enquanto comunicação; não é frequente termos pacientes retornando e dizendo o que acha ter ocorrido. Será que eu disse aquilo de modo inconsciente? Será que ela ouviu algo? Ou ela criou esse tipo de comentário? Como é possível saber? Ou será que não importa?

Bion. Todos nós acabamos nos acostumando com uma coisa extraordinária: essa conversa, que denominamos psicanálise, funciona – é inacreditável, mas funciona. O resultado é que fornecemos muitas interpretações, das quais podemos nos recordar ou não. É difícil acreditar, entretanto, que o senhor tenha semeado uma ideia; que germinou, que deu luz a ainda outras ideias, até que um paciente retorne e conte ideias que acredita – muito provavelmente, com toda razão – ter obtido do senhor.

No entanto, o senhor não a reconhece, pois não ficou vendo o que aconteceu desde que semeou aquela semente específica na mente daquela pessoa. Se tivéssemos um filho ou uma filha que

> *ficasse fora por dezessete anos, ficaríamos surpresos com a semelhança física que teria conosco; seriam necessários alguns momentos até nos darmos conta de que essa pessoa é realmente nosso filho ou nossa filha. De modo semelhante, isso ocorre com as ideias. De forma alguma, eu ficaria tão surpreso com a descoberta de que alguma ideia semeada durante aquele contato anterior germinou e apareceu na forma que essa senhora pode reconhecer; afinal, isso cresceu nela e não no senhor.*

[O que se reveste de importância é se um paciente estabeleceu o ritual psicanalítico de tantas sessões por semana, tantas semanas por ano, e assim por diante. Pode ser difícil traçar a origem do ritual; então, circunstâncias particularmente perturbadoras, a respeito das quais nada pode ser feito, constituem uma fonte frutífera de onipotência, onisciência e onipresença. Então, é provável que esse paciente acredite, ou queira acreditar, que o analista é uma força beneficente que pode ser adorada; isso requer interpretação. O analista pode incidir no erro de aceitar essa onipotência assim ofertada, ou, de modo alternativo, ignorar o *fato* de que a ajuda foi dada. Os pacientes não retornam por nada. O analista precisa estabelecer aquilo que é relevante e o que não o é. Isso implica um padrão de Verdade. Na prática, verdade só pode ser descrita de modo verdadeiro como uma aspiração que pode estar além da capacidade da mente humana.]

Pergunta. O senhor pode falar mais de suas ideias a respeito da distinção que fez entre "bom e mau" e "bem e mal"?

B. [Foi "boa" a capacidade dos nazistas em organizar comícios em Nuremberg; o uso que fizeram de tal capacidade é questão de opinião. Na minha opinião, houve "mau uso". É importante que o paciente conheça *sua* opinião. Conceptualizar a diferença requer uma capacidade de discriminar entre moral e técnica.]

P. Reli seu artigo *Memória e desejo*, no qual o senhor diz que o psicanalista precisa esquecer que o paciente tem um passado e um futuro relacionados a ele. Não acho que o senhor queria dizer isso de modo tão concreto e específico, como ficou claro no artigo. Pode elaborar mais essas ideias?

B. Tenho de usar essa nova moda, o discurso humano, que tem apenas uns poucos milhares de anos; tenho de usar palavras extremamente grosseiras e exageradas, preto no branco. Na medida em que o interesse é o significado, palavras nunca são apenas brancas e pretas; frequentemente, são tão vagas que é muito difícil obter algum sentido dessas palavras. Tentamos impelir tal faculdade para efetuar algo em uma direção para a qual não foi projetada, ou seja, a investigação da mente humana. Então, oferecemos essas afirmações e esperamos que cada leitor seja capaz de transformá-las em "algo" que lhes faça algum sentido prático.

P. Pode nos dar um exemplo, na prática clínica, de como alguém pode suspender a memória, quando trabalha com um paciente? Existe algum dispositivo técnico para isso?

B. Quando sinto uma pressão, por exemplo – "seria melhor ficar preparado, caso me façam perguntas" –, digo "Às favas com isso, não vou procurar esse negócio em Freud nem em qualquer outro lugar, nem mesmo na minha afirmação anterior – vou tolerar a pergunta". No entanto, fica claro que estou pedindo que os senhores também a tolerem – trata-se de um caso de improviso. Em relação a seu paciente, o senhor pode dizer: "Deveria olhar minhas anotações desse caso. Será que eu deveria ter feito algumas anotações sobre o que o paciente me disse? O que poderia acontecer se o paciente me levasse ao tribunal por charlatanice, baseando-se no fato de que não preparei uma ficha e de que nem mesmo me lembro do que disse naquela época?". Posso ver que o senhor vai passar por maus bocados tentando explicar à corte que realmente não tomou notas porque pensa que isso não funciona. É muito mais fácil acreditar que fazemos as coisas desse modo porque é muito bom ser tão folgado, não nos preocuparmos com essas coisas; é melhor gozar a vida em vez disso. É algo ímpar, mas o difícil é *não* o fazer; realmente não ficaria muito surpreso se, no final do dia ou da semana, alguém resistisse à pressão de se aferrar a alguma teoria psicanalítica em vez de prosseguir sem ter a menor ideia do que o paciente estava fazendo ou dizendo. Só que o amanhã se situa dezessete anos depois – como acabamos de ouvir –, pode ser que nem sequer reconheçamos o rosto do paciente ou o que ele disse, e vamos nos sentir culpados ou receber cumprimentos como se tivéssemos feito algo útil. Infelizmente, nossa tendência é sentir que não vale a pena preservar novas ideias; portanto, somos suscetíveis de perder contato com elas. A paciente que retornou depois de muitos anos descobrira o fato de que o senhor era alguém que tinha coisas muito mais valiosas para dizer, coisas que nem o senhor mesmo havia se dado conta.

P. Tem alguma importância se eu disse isso ou não?

B. É difícil responder. Achamos que tem importância, se analisamos, ou não, essas pessoas; se *vale* a pena, é outro assunto. A palavra falada parece ser poderosa, como toda certeza. Tácito[1] deixou-nos descrições dos comportamentos dos bardos, os declamadores das tribos germânicas. Conforme a reação dos soldados, os bardos conseguiam saber se havia segurança de realizar uma guerra – ou não. A função do bardo pode ser denominada de diagnóstica; a função do líder pode ser a de testar em sua audiência a reação a sedutoras músicas de guerra ou de assassinato.[2] Mas, para nós, será que isso significa que há alguma serventia falar com outras pessoas a respeito do *"self"*? Seria muito útil se pudéssemos mobilizar um encontro na mesma escala obtida nos comícios em Nuremberg; parece-me necessário o exame desse assunto: a eficácia

---

1 Publivs Cornelivs Tacitvs (58 d.C.-117 d.C.), historiador e senador romano, viveu meio século antes de Cristo. [N.T.]

2 Bion continua a se referir, implicitamente, ao fenômeno nazista; foi influenciado pelas observações de William Lawrence Shirer (1904-1993), jornalista estadunidense que publicou relatos extremamente populares e duradouros, como *Diário de Berlim* e *Ascensão e queda do Terceiro Reich*, sobre uma ação estimulante de sentimentos destrutivos, parecendo ser específicos na nação alemã, pelos discursos e ações assassinas de Adolf Hitler e colaboradores como Joseph Goebbels, Albert Speer, Rudolf Hess e Leni Riefestahl. O assunto torna-se explícito na frase seguinte: Bion volta a falar de aglomerações humanas denominadas comícios. [N.T.]

do discurso humano em relação ao pano de fundo da história da humanidade até hoje.

P. Sobra algum vestígio, quando uma criança ou um paciente evacua? Penso em uma criança chorando – sentindo fome ou desprazer – que evacua na mãe. Não consigo imaginar a criança perdendo esse sentimento de desprazer.

B. Isso, em parte, porque a evacuação leva mais tempo do que se supõe. Em outras palavras, a criança deve se haver com aquilo que vai "pensar" que seja uma evacuação – livrou-se daquelas ideias e sentimentos nojentos. [Permanece o vestígio; com força igual à de um ferimento que se tornou infectado.]

Fico com a impressão de que mesmo a pessoa que lidou com o problema desse modo tem um sentimento de que algo do que ocorreu precisa ser mantido fora dela. Assim que nos livramos de sentimento, ideia, proto-ideia, ideia primordial desprazenteira, então vamos mantê-los longe, fora de nós. Não parece estar muito distante do que Freud disse, que o reprimido precisa ser mantido reprimido, exceto que eu reforço isso agora dizendo que o "evacuado" tem de ser mantido evacuado; isso nunca foi inconsciente. Alguma palavra diferente de "reprimido" ou "superior" se faz necessária para descrever elementos mentais que *jamais* foram conscientes – e isso também significa que jamais foram inconscientes.

P. Será que se pode usar a expressão "não consciente"?

B. Se o senhor acredita que a expressão "não consciente" serve para seus objetivos, tenho certeza de que deve mantê-la em seu vocabulário. Pessoalmente, acho mais fácil considerar a existência de pensamentos sem um pensador. Pirandello colocou de modo um pouco diferente, como título de uma peça – *Seis personagens à procura de um autor*. Mas por que parar por aí? Por que não pode ser algo ainda menor, mais fragmentário do que isso? É um pensamento errante em busca de algum pensador em quem se alojar.

P. O senhor não quer mais nossa velha linguagem? Gostaria, em vez disso, de encontrar coisas sem conotação?

B. Tentei usá-las dessa forma. Pode haver certas coisas que hoje em dia chamamos pensamentos ou ideias – mas que são, na verdade, físicas. Quando fico falando sobre a mente, permaneço com dúvida a respeito de utilizar termos como "as adrenais", "tálamo óptico". Jamais saberemos se essas coisas existem ou não, mas acho que convém deixar uma ou duas caixinhas vazias caso alguém seja capaz de preenchê-las. O mesmo ocorre com relação a esses diagnósticos que estão flutuando – deixe-os soltos até que alguém os derrube para casá-los com suas origens.

O. O senhor usa a palavra "evacuação" como espécie de sinônimo de identificação projetiva. No entanto, logo depois, parece desviar-se um pouco do significado desse termo. Queria saber se o senhor pode delinear uma distinção entre os dois. Parece-me que a evacuação é um processo muito mais radical do que a identificação projetiva.

B. É mais radical por ser concreta. No entanto, no exato momento em que começamos a dar um significado mais concreto às palavras, tornam-se ainda mais distorcidas. Podemos deixar isso, por outro lado, para as estratosferas da intelectualização – "identificação projetiva". A própria Melanie Klein disse que se tratava de uma péssima denominação – e é.

O. Hanna Segal disse que o senhor explicou isso muito bem e, mais do que qualquer outra pessoa, aplicou-o clinicamente.

B. Talvez porque tive a vantagem de ter feito análise com Melanie Klein, e também porque fui uma pessoa que ouviu "O senhor está fazendo isso".

P. Qual é a diferença entre identificação e identificação projetiva?

B. [Podemos manter o significado que Freud atribuiu a "identificação". De modo semelhante, podemos reservar "identificação projetiva" para ocasiões em que a própria ocasião – conforme observada pelo analista – parece se encaixar com uma interpretação que o analista pensa que se expressa melhor por Melanie Klein do que por palavras de sua própria lavra.]

Um feto não tem outra escolha, senão nascer. É forçado a penetrar em ambiente gasoso difícil, em vez de permanecer em meio aquoso, tão gostoso. De forma semelhante, não temos outra escolha senão comunicar nossas interpretações em virtude do gás – ar – que usamos e abusamos para a fonação.

P. Água é melhor do que gás?

B. Nem sempre, pois o feto é suficientemente esperto a ponto de levar consigo, nos canais nasais, um pouquinho do fluido aquoso. O resultado é que continua sendo capaz de respirar e de sentir odores. Odor viaja muito bem em fluidos aquosos; é um receptor de longa distância. Peixes conseguem farejar matéria pútrida à distância, a muitas milhas.

P. O senhor pensa que fetos intrauterinos sentem odores?

B. Sim, mas se trata de uma conjectura imaginativa; não tenho a menor evidência de algo que, na minha visão, um cientista consideraria como válido.

P. Obviamente, há grande dificuldade na questão da linguagem. Como podemos manter conversas com outras pessoas, se passamos a desencorajar o uso de palavras que atualmente nos são familiares, mas já esvaziadas de significado?

B. Não posso ver nenhuma alternativa para o desacordo e a discussão entre os psicanalistas que sabem qual é o problema para o qual desejam chamar a atenção.

O. Gostaria de germinar a ideia do pensamento sem pensador. Fiquei pensando em Lewis Carroll, alguém que lidou com facilidade com esse conceito: o Gato de Cheshire, um riso sem um gato. Pensei em Edward Lear[3] – a assim chamada poesia *nonsense*, uma maravilha que poderia ter mais sentido do que qualquer outra poesia, porque tem sua própria linguagem não preenchida. Sinto que Dr. Bion também quer usar essa linguagem não preenchida. Simpatizo com isso. Tenho grandes dúvidas do quanto se pode utilizar a linguagem já existente, dos hábitos do pensamento humano. Acho que uma criança de dois anos e meio, ou três anos, pode ser mais bem analisada do que um adulto intelectual obsessivo que tem todas as palavras definidas, que então aparece para fazer uma análise para aprender a respeito de si mesmo. Acho particularmente difícil lidar com esse tipo de paciente brilhante. Será que entre as pessoas com quem lidamos ainda existem algumas com a mente suficientemente equilibrada a ponto de pensar novos pensamentos? Como o senhor utiliza sua ideia de pensamentos sem pensadores?

B. Se fossem nossos pensamentos, poderíamos ser capazes de fazer algo a respeito deles. Mas, como estou tentando definir a possibilidade de pensamentos *sem* um pensador, estou falando de coisas que não estão dentro de minha capacidade; que podem ainda não ter achado um alojamento dentro de mim.

---

3 Edward Lear (1812-1888) foi um poeta, músico e o maior popularizador de *limericks* (poesias plenas de humor e surpresa, aparentemente sem sentido, com cinco versos) na língua inglesa. Viveu durante quase todo o século XIX e exerceu enorme influência na geração seguinte, a de Bion. [N.T.]

[Seria difícil exagerar a importância dos comentários desse colega. Seu exemplo pode salvar uma criança dos piores excessos da moderna "Babel"; a situação dos analistas de crianças é onerosa – e excitante.]

O. Temos duas polaridades: ao nascer, temos a possibilidade de germinação e de que podemos ter um bebê; aí temos todas essas imagens de catástrofe, guerra, tempestades e terror. Parece que são as implicações que você está fazendo.

B. Podemos considerar tanto o nascimento como a morte como extremamente importantes, mas nenhum desses eventos são doenças. Entretanto, mortalidade materna e mortalidade infantil são fatos reais; e a morte quando as pessoas se tornam idosas. O resultado é que essas aparentes conjunções têm como consequência o fato de as pessoas pensarem que são sinônimas. É claro que isso é uma visão em si mesma achatada, uma visão que podemos aprender a falar um discurso articulado. *Nossa* preocupação é com o intervalo entre o nascimento e a morte e a necessidade de usar o discurso articulado em nosso trabalho.

O. Intrigou-me uma frase – a "mobília dos sonhos" – que existe em um artigo seu sobre os aspectos psicóticos e não psicóticos da personalidade. Nunca vi isso ser usado em nenhum outro lugar e não penso que o senhor os tenha explicado em profundidade.

B. ["Mobiliamos" os sonhos com recordações pictóricas, imagens: o que realmente são essas imagens lembradas precisa ser determinado por analistas praticantes.] É verdade o que o colega afirma, sempre deixamos pontas. Tal fato ocorre por uma razão muito simples: sabemos tão pouco; nossa vida é tão limitada. Mesmo nossa capacidade mental se esmaece demasiadamente rápido, sem conseguir levar as coisas até o fim, de modo completo. Espero que seja desse tipo que o senhor mencionou. E que possa, nas mãos de outra pessoa, adquirir algum significado que pode ser útil.

O. Quase como um pensamento em busca de um pensador.

B. Sim. Mas onde o senhor obteve essa ideia? Pode tentar rotular o dono, o originador, o criador, mas penso que logo descobre que não consegue fazê-lo. Por tudo o que o senhor sabe, bem que poderia ser o senhor mesmo; pode ser que o senhor seja o centro da tempestade de sua própria tempestade.

Pode ser que, sem estar consciente do fato, esteja originando algo. Esse negócio de posse, esse tipo de sobrevivência do passado – meu isso, meu aquilo, minha ideia – parece-me isento de qualquer sentindo, mesmo assim posso compreender por que alguém como Melanie Klein irritou-se ao descobrir que ideias e teorias por ela produzidas foram degeneradas. As pessoas podem ter algum respeito pelas ideias e mantê-las em seu estado original, conservando-as "tinindo", em bom estado de funcionamento. Para fazer isso, temos de inventar a linguagem com a qual precisamos falar enquanto estamos falando.

P. E manter a esperança de ser entendido?

B. Acho que seria algo voraz. A vantagem de ter esperança significa que, antes de tudo, temos de esperar não ficar falando coisas sem sentido e que existe alguém capaz de dar um sentido àquilo que falamos. Nesse aspecto, somos quase iguais às células do corpo; pode haver uma ideia flutuando, sem conseguir um abrigo, sem obter alguma célula apropriada, com distorção suficiente para alojá-la.

O. Crianças em ludoterapia, ao descobrir algo doloroso, frequentemente sentem que está relacionado com o ar. Podem estourar bolhas, fazer aviões.

B. Suponho que brincadeiras de crianças sejam divertidas por algum tempo. Mas então as crianças começam a querelar ou se entediam – penso que seja a mesma situação quando ficam aterrorizadas. O que é aterrorizante a respeito de um jogo de papai e mamãe com bonecos? Como analistas, passamos a suspeitar de que esses jogos não são "apenas jogos".

A criança recorre ao pai ou à mãe dizendo: "O que devo fazer agora? Não consigo pensar em nada para fazer" – um jogo tornou-se intolerável. Tempos depois, quando indivíduos não brincam mais de papai e mamãe, mas se tornam realmente pais e mães, esquecem então o elemento divertido; o "jogo" torna-se uma ocupação tão aterrorizadora que esses mesmos indivíduos querem correr a um Deus ou um Diabo ou a um psicanalista e perguntar: "Do que devo brincar agora?". Que brincadeira existe, já que aquela coisa não funcionou e que aquela coisa, no final de contas, não é uma brincadeira, mas pode ser uma coisa real *e* divertida?

O fato de que indivíduos podem dizer "Isto não está funcionando" significa que há alguma esperança para "isto que não está funcionando"; significa que há alguma esperança para "isto", talvez alguns indivíduos estejam descobrindo algo melhor. Enquanto as pessoas elaboram uma bem padronizada colcha sob a qual mantêm seus jogos, descobrem que não gostam de retirar essa colcha. Não acredito que tenhamos certeza de que as pessoas não vão ficar tão amedrontadas e dizer: "Vamos ter isso de volta – pode ser uma falsificação, pode ser uma mentira, um engano, mas pelo menos é mais confortável do que este mundo factual que psicanalistas nos convidam a enfrentar".

P. E sobre realidade do *nosso* grupo neste momento? Como estamos reagindo? O que está acontecendo aqui sob a colcha?

O. Não sinto toda essa emoção terrível que algumas pessoas assinalam. Penso que Dr. Bion é extremamente exigente em relação a nós e que isso é muito estimulante.

O. Sinto um sentido de insatisfação; algo que não nos dá folga.

O. Sinto-me fascinado.

O. Penso que um dos sentimentos de dificuldade é conectado com a linguagem. Estamos falando dentro das tradições alemãs/inglesas/estadunidenses. Essa tarde li um artigo escrito por um analista francês e à noite pensei no quanto as teorias psicanalíticas devem ser sentidas de forma diversa nas diferentes línguas. Nós, como estadunidenses, não temos o mesmo investimento em palavras que o povo francês: temos um modo diferente de nos comunicar uns com os outros e de falar sobre as coisas que experimentamos com nossos pacientes. Fiquei achando que muito da dificuldade tem a ver com se basear em outro parâmetro. Estamos acostumados a falar em um tipo de taquigrafia uns com os outros, e há algo aqui nestas reuniões que nos relembra de que estamos falando taquigraficamente.

O. Lembro a conferência em Topeka, em 1976, sobre distúrbios *borderline*; o contraste entre o modo como os analistas europeus e os analistas estadunidenses conversavam sobre psicanálise. Pareceu-me que a psicanálise estadunidense está mais próxima do beisebol do que da psicanálise europeia.

O. Sim, não somos filosóficos, poéticos, históricos; somos mais técnicos. Ficamos habituados a conversar desse modo.

O. Isso pode ser uma falha.

B. É possível que estadunidenses genuínos ainda retenham uma experiência de como viver em um mundo estranho e perigoso, no qual calor e comida não aparecem de mão beijada, mas devem ser produzidos. Dessa forma, as pessoas forçosamente se familiarizam com o fato de que até mesmo a comida não é algo que pode ser considerada como favas contadas, a menos que alguém trabalhe por ela. Ainda que consigamos ser tão bem-sucedidos, a ponto de a vida tornar-se confortável – casa, aquecimento central, eletricidade e assim por diante –, pode permanecer enraizado um resquício de consciência do fato de que a vida não é realmente assim. Pode parecer quase como uma espécie de esquizofrenia: de um lado, temos uma cultura, uma capacidade de pensamento, perdemos ou esquecemos nossa base primitiva; de outro lado, há esse sobrevivente do naufrágio, vestígio de uma consciência da realidade das coisas.

Isso me parece produzir algo que é tão próximo de uma síntese que chega a ser perceptível. Estadunidenses produzem grandes físicos, químicos, vencedores de prêmios Nobel, mas permanece um vestígio muito ativo – aspereza, violência.

Na Europa, isso estourou; precisaram existir "Grandes Guerras" para fazer com que as pessoas ficassem conscientes das grossas camadas de hipocrisia, difíceis de serem penetradas sem um processo muito doloroso de nascimento.

[Nossa própria discussão, neste local, é o protótipo daquilo que a civilização estadunidense poderia fazer para tornar a violência – da qual todos nós estamos conscientes – redundante.]

Atualmente, pode estar em curso certa querela: entre pensamentos feitos pelo corpo e outros feitos na extremidade craniana. Há alguma esperança de que, apesar de todos nós possuirmos diafragmas, não são membranas puramente não permeáveis; esperamos que nossos diafragmas se elevem e desçam novamente, e de fato diafragmas têm muito a ver com a continuidade da vida. Então, talvez haja algo análogo ao movimento mental, por meio do qual os dois estão misturados. Um representante de determinado sindicato, subitamente, descobre atrativos de ser chefe, tornando-se "culto".[4] Que cultura é essa? Será que ele se torna completamente

---

4 Referência aos momentosos movimentos dos sindicatos durante os governos dos primeiros ministros Edward Heath, Harold Wilson, James Callaghan e

divorciado dessas pessoas "inferiores", da classe baixa, pessoas que trabalham com as mãos? Nossa esperança é de que o diafragma vai, com maior probabilidade, misturar os dois, e não dividi-los em duas metades que não mais se unem. A situação requer mais do que artimanhas de um mágico. Como analistas, tentamos elaborar uma técnica para ministrá-la para uma mente adoecida, arrancando um problema enraizado; o que é uma ocupação impopular. [É difícil ser analista ou analisando; ninguém que não seja robusto precisa se candidatar. Não é seguro estar inconsciente do perigo.]

O. O termo "identificação projetiva" implica contato contínuo entre uma pessoa e outra. A evacuação não implica nisso.

B. Melanie Klein disse que os pacientes *pensam* que evacuam algo; ficam imbuídos de uma *phantasia*, aquela de que se livraram desse pedaço de si mesmos, colocando-o no seio ou na mãe, mesmo que isso apenas soe como palavras, como se fosse um tipo de coisa que colocamos para fora, pela boca. Se um chimpanzé demonstra hostilidade ao produzir barulhos bruscos, com seus lábios, tentando silenciar um bebê chimpanzé, tal ato pode ter um efeito sobre esse bebê chimpanzé. A questão *é:* ao que se deve atribuir importância – ao flato, ao flato gasoso que evacuamos de nossos lábios, ou ao barulho que produzimos ao fazer o flato? Qual é o momento em que a cacofonia se transforma em música? Qual é o momento em que ruídos bruscos e grosseiros que fazemos com a ajuda de instrumentos como baixos e tubas – e mesmo com nossas bocas – tornam-se linda melodia? Ou lindas ideias? Quando ruídos grosseiros ficam disfarçados de pensamentos profundos?

O. Soa como se a distinção tivesse algo a ver com a natureza do produto. Para mim, a identificação projetiva sempre implicou um

---

Margaret Thatcher (1970-1979). A mesma referência ocorre de modo mais explícito nos seminários ministrados na Clínica Tavistock, em Londres, também publicados pela editora Blucher. [N.T.]

produto que tem mais completude, totalidade e estrutura do que os fragmentos aos quais o senhor se referiu como "objetos bizarros".

B. Há uma grande vantagem quando temos alguma qualidade material. Podemos dizer "homem negro" ou "homem branco"; pronto, não precisamos ter mais nenhum outro pensamento; chegam completamente coloridos e corretamente rotulados. Então, para que pensar sobre ele, sobre ela, ou sobre isso, ou sobre eles? Por que não lidar com isso de acordo com a cor, tão gentilmente outorgada de tal modo que a pessoa possa dizer o que é o que sem ter de pensar?

O. A questão é como nos sentimos a respeito do "negro"; como nos sentimos a respeito do "branco"; e que espécie de reação emocional temos em relação ao negro e ao branco. Ao mesmo tempo que ataco, também vou tentar defender. Em geral, o senhor discorre sobre uma terra de ninguém – o que, é claro, é verdade. Não sabemos o que vem a ser um pensamento; podemos descrevê-lo, mas não o *conhecemos*. É isso que o senhor, Dr. Bion, faz o tempo todo. Mas, se queremos falar qual é o feto ou qual é o impacto que tem o pensamento, então vamos ter de fazer isso de modo diverso. De vez em quando, consigo captar o que o senhor diz; penso que poderia ser uma ideia original. E logo no momento em que consigo captar, o senhor começa a trazer ideias quase dissociadas, dando grandes saltos – o que nós estamos pensando, o que está acontecendo no universo ou na atmosfera – nesse ponto eu me perco. De repente o senhor faz uma observação incrível e algo pode sair dela – e então fico perdido outra vez.

O. É isso que Dr. Bion tenta fazer. Não o censuro por não ser mais claro, pois em essência ninguém pode ser mais claro a respeito das coisas que discutimos.

B. Estou de acordo com o senhor. Uma das poucas situações na qual podemos nos defender é quando dizemos que aquilo que sentimos é um *fato*; penso que é tão próximo de um fato quanto é provável que o alcancemos. Um paciente pode dizer: "Sei o que é sentir-me como realmente sou e sentir o que sinto quando entro nesta sala com outros ou por mim mesmo. Isso eu sei; trata-se um fato, o de que fico satisfeito. Todo o resto é teoria – teorias psicanalíticas, teorias francesas, teorias inglesas, teoria negras, teorias brancas, qualquer uma que quiser mencionar". Fica difícil caso chegue um Newton dizendo que uma "luz branca" é na verdade feita de muitas cores. Para o senhor, isso será uma intelectualização!

P. Isso degrada o sentimento do negro e branco – faz com que tudo fique mais complicado e confuso?

B. Sem dúvida. Se você diz que um negro ou um branco, de fato, são seres humanos, isso realmente estraga a coisa toda; significa que alguém tem de pensar pelo menos alguma coisa. Você é atirado de volta a essa ocupação de pensar.

O. O senhor nada falou sobre a "grade".[5]

B. Assim que eu retirei a "grade" de meu sistema, pude ver o quão inadequada ela é. ["Enfiou o polegar, pescou uma fortuna, e disse 'que menino bonzinho, eu sou!'".[6] Só que a satisfação não

---

5 No original, "*grid*". Vertida inicialmente ao português como "grade". Na visão deste tradutor, precisa ser respeitada por ter sido consagrada pelo uso, mesmo que contenha inextricavelmente um erro gramatical. [N.T.]

6 *Little Jack Horner*, canção de ninar tradicional em países colonizados pelo Império Britânico. Vinte anos após o falecimento de Bion, demonstrando a popularidade entranhada da cantiga, uma banda de *rock* Extreme, reconhecida internacionalmente, colocou-a no circuito musical juvenil. Na versão usada por Bion: "*Little Jack Horner / Sat in the corner / Eating a Christmas pie / He put in his thumb, / And pulled out a plum, / And said "What a good boy am I!*". Jack Horner, em versão literal, pode ser traduzido como "Rápido Corneteiro", "João Corneteiro" ou "João Corneta". Trata-se de um menino que se vangloria de atos amolecados: "João Corneta / Sentou rapidinho num canto / Comendo a torta de Natal / Enfiou o polegar / Pescando uma ameixa / E disse: "Que menino bonzinho eu sou!". [N.T.]

dura muito. Como um modelo pictórico, sugiro um garotinho chupando o dedo que o tira da boca e o examina com admiração, mas com o tempo isso o deixa insatisfeito. O que experimento é o "tema com variações".]⁷

P. Mas não é possível trabalhar com a "grade"?

B. [Cada um precisa decidir se há serventia pessoal, de algum modo, caso utilize a "grade". Se não serve, não perca seu tempo com ela. Esse mesmo conselho se aplica a qualquer "grade" futura que eu possa vir a formular.]

P. É difícil?

B. Para mim, não – é só uma perda de tempo, porque não corresponde aos fatos que provavelmente vou encontrar.

P. De que forma a teoria de Melanie Klein, considerando inveja como atributo inato, nos ajuda a compreender o desenvolvimento infantil mais precoce?

B. A ajuda provavelmente se deu graças à intervenção de Elliott Jacques. Assim que leu os manuscritos, alertou Klein: "A senhora deu um título errado – precisa ser 'Inveja e Gratidão'" – ela havia deixado o segundo termo de fora. Esse livro não terá o menor significado, a menos que o leitor possa também detectar gratidão.

P. O quanto ajudaria pensar sobre isso como uma preconcepção, algo que é inato, em oposição a algo aprendido?

B. Quando a finalidade é uma conversa ou provocar uma resposta ou uma cadeia de pensamentos, podemos usar elementos beta e alfa. Mas, antes que possa traduzir essas sensações corpóreas em uma ideia, tenho de reter alguma capacidade de compreender a língua falada pelo meu próprio corpo comigo. Não gosto disso,

---

7 Utilizado por musicistas, autores e intérpretes, pelo menos desde a época Barroca. [N.T.]

pois frequentemente meu corpo me desinforma. Não gosto de coisas que me atingem, não me fazem o menor dano, mas são terrivelmente dolorosas. Quero, então, conseguir que a extremidade cerebral de meu corpo me preste algum auxílio; que traduza isso em uma linguagem mais útil, mais compreensível e mais direta. Assumindo que tenho de estar preso ao corpo com o qual nasci e também que esse corpo continua insistindo em me contar, antes que possa tentar ser articulado e aspirar alturas de teorias altamente inteligentes, tenho de passar, em primeiro lugar, por todas as espécies de estágios não prazerosos. Um deles é aquilo que denomino imaginação especulativa, ou razão especulativa. Infelizmente, a pessoa tem de passar por esse estágio em uma época extremamente vulnerável; alguém pode dizer: "Que monte de porcarias você fala! Tudo imaginação". Verdade – ou sonhado em um estado mental de sorte. Mas, se a pessoa, submetida à provocação de ser contrariada, diz: "Não é apenas imaginação; é um fato", está dizendo algo não acurado. O filho adequado de uma imaginação especulativa ou razão especulativa é uma probabilidade. Os matemáticos pensam ter formulado uma teoria da *probabilidade*. Isso não é um fato; apenas é provável. Alguém que conhece alguma matemática pode ser capaz, graças a sua aptidão analítica, de elaborar uma teoria matemática de probabilidade que serve para alguma coisa.

P. Deve haver alguma utilidade para essa ideia de inveja inata. O senhor encontrou algum uso para ela na compreensão da criança e de sua interação com a mãe, ou de algum modo na compreensão dos processos pelos quais o paciente passa?

B. Fiquei um período prolongado dando interpretações a um paciente; que ficava furioso, explodindo em expressões de inveja violenta e "hostilidade", toda vez que lhe dizia algo que lhe parecia ser alguma descoberta gratificante sobre sua própria pessoa. Disse-lhe: "Nesta sala há uma pessoa igualmente invejosa do senhor;

é o senhor mesmo. No momento em que fui temerário o suficiente para dizer que sua observação foi muito interessante, ocorreu de imediato enorme explosão de vitupérios, tanto contra mim por dizer tal coisa como contra si mesmo por ter expressado algo que incitou atenção".

P. Como o paciente reagiu a isso?

B. Depois de certo tempo, tornou-se mais tolerável – e tolerante. Esse paciente só podia vestir roupas de determinada cor – nenhum desvio desse comprimento de onda óptico particular. Aprendeu a tolerar algumas roupas, o mínimo para sobreviver. Mesmo assim, só tolerava vestir roupas se fossem sempre as mesmas, ano após ano.

P. O que faz isso ser inato?

B. Não sei. Inclino-me a dizer que um óvulo e um espermatozoide de dois alguéns diversos uniram-se, mantendo uma relação que produziu um objeto dotado dessas características impressionantes. No momento em que esse objeto consegue nascer – e até o momento não cometeu nenhum assassinato –, há uma pessoa da qual ninguém pode salvá-lo. Trata-se dele mesmo, e pode ser um paciente em análise. Se quer matar alguém, é a única vítima sempre disponível, a qualquer hora do dia ou da noite, e nenhum analista, ou pais, pode intervir entre ele mesmo e seu *self*.

Quinta

Pergunta. De que modo o senhor utiliza o termo "cesura"?

Bion. Gostaria de ter uma ideia da área delimitada em que o senhor enuncia o termo "cesura". Há poucos instantes, disse aquilo que penso sentir ao estar em cidades que denomino "capitais"; sinto que Nova York é uma delas. Não me preocupo com o que diz determinado mapa nem com o que se diz sobre qualquer outro lugar; não é sobre isso que falo. Não gostaria de tentar dizer o que vem a ser uma capital. Então, quando o senhor me pergunta algo sobre cesura – pode ser qualquer outra palavra que usamos –, cada um de nós precisa estar consciente dessa coisa, a *origem* de uma sensação, qual seja, de que existe algo ao redor de nós. Quando digo que há algo ao redor, que denomino, uma "capital", não *é* de bom tom prosseguir, caso eu tenha de olhar um dicionário ou um guia. Não há guias para o domínio ou área sobre a qual estamos conversando. Então, qual é a "capital" dessa cesura? Qual é sua essência? Já me perguntaram isso, mas estou tentando colocar que realmente não posso responder, pois não sei como se deve verbalizar esse tipo de coisa. Pode ser que, aqui entre nós, sejamos capazes de encontrar uma aproximação para esse tipo de coisa; algum método de indicar o ponto focal; o foco de uma secção de um cone. Só que, outra vez, temos apenas um modelo; tentamos dar vários nomes, como "espírito", "alma", "id", "ego". Nenhum desses nomes nos leva muito longe.

Observação. Talvez uma referência coloquial, "onde a cesura fica", seja tão boa quanto qualquer outra coisa.

B. Sim. Para mim, uma frase como essa que o senhor enunciou, expressa algo. Estamos o tempo todo nos defrontando com isto: como vamos comunicar tal consciência para outra pessoa? Onde começa a comunicação, onde fica sua origem, como se inicia? Esse lugar daria início a um sentimento do que vem a ser uma capital? Ou seria a ideia de algo primordial e de muitos "algos" primordiais unindo-se e produzindo algo para se descobrir o nome "capital"? Não são apenas tijolos e cimento, mas também as pessoas dentro dessa capital, e então descobrimos que não são exatamente as pessoas dentro da capital, mas almas dentro dessas pessoas. Esse é o tipo de coisa com a qual vamos nos defrontar na sessão de amanhã.

P. Seria isso primordial? E se encontramos uma percepção de que uma capital fica necessariamente localizada em indivíduos?

B. Não penso que seja desse modo, "no frigir dos ovos". Seria conveniente, caso aparecesse de modo tal que alcancemos sua percepção. Mas não é porque sou cego e vi apenas tijolos e cimento. É algo mais que se introduz, fazendo-me sentir uma pressão, difícil de localizar, segundo meu pensamento.

Se mostro uma fotografia de um garotinho a um cão, o animal vai cheirá-la, dando-se conta de que não se trata de nada comestível – e ponto final. Coloque a mesma coisa em um filme e projete-a em uma tela – o cão ficará excitado. É apenas uma foto, mas é uma foto em movimento; o cachorro começa a sentir que aquilo tem um significado. Nós também. Existem certas coisas que detonam uma vibração. Começamos a perceber algo. Se nos permitimos ser suficientemente sensíveis, por tempo suficientemente longo, podemos sentir que algo está ocorrendo. Podemos acabar conseguindo descobrir algum modo de comunicar isso.

P. Psicanálise é uma fenomenologia profunda?

B. Há muito para ser dito a respeito de uma frase utilizada por Melanie Klein, em contato comigo: "Psicanálise é um termo sem sentido. Mas está aí disponível". É uma palavra em busca de um significado; um pensamento esperando um pensador; um conceito aguardando um conteúdo.

O. Existem muitos conteúdos.

B. Infelizmente, isso é verdade. Não há escassez de material para nutrição mental, mas não sabemos como a pobre mente é preenchida nem qual é o preenchimento. A quantidade de lixo que está por aí procurando espaço é enorme. Freud fala sobre amnésia como algo que preenche um espaço quando você esquece o que pertence a ele. Isso estaria correto se soubesse onde termina o patológico e onde começa o genuíno. É bom pensar: "Ah, psicanálise é *isto* e é disso que precisamos". Precisamos? Será que é um preenchimento? Será que se trata de mais ruídos ocupando espaço vazio? Aspecto que só pode ser resolvido por aqueles que estão engajados nesta atividade que denominamos psicanálise, pois ansiamos por um mundo melhor.

Poetas descobriram um método de comunicação. Milton inventou uma palavra, pandemônio, Shakespeare buscou palavras comuns para fazer encordoamento, incitando vibração de coisas dentro de incontáveis gerações de pessoas. Por quê? Como isso é feito?

P. O senhor sugere que nós não apenas precisamos inventar a linguagem como também que precisamos ser mais poéticos ao escrever as coisas a respeito das quais discutimos?

B. Não. Acho que o aspecto central é que precisamos ousar estar disponíveis a algo que precise se expressar; ousar permitir que um pensamento sem um pensador se aloje em algum lugar, dentro dos limites de sua capacidade. Podemos fazer marcas em papel; podemos fazer marcas em uma pedra; pode ser a capacidade de gerar movimento em ondas eletromagnéticas. Em outras palavras, alguém escreve um concerto para baixo; caso outra pessoa seja suficientemente capaz de tocar um contrabaixo, traduzindo as marquinhas negras sobre um papel branco em ondas sonoras, a comunicação se espalha, se há alguém preparado para ouvir. O artista depende de haver alguém que o ouça, alguém que se transforme em um receptor. O paciente depende do fato de o analista estar sensível aos sinais fracos, pois não os consegue emitir em maior volume. Só que estamos assumindo um grande risco ao nos transformarmos em receptores. Do nosso conhecimento a respeito do universo em que vivemos, algumas das informações podem não ser bem-vindas: o sinal ou o som que recebemos pode não ser da mesma espécie que estamos querendo interpretar, diagnosticar, tentar atravessar, para atingir alguma "coisa" além.

[Um poeta de verdade é capaz de usar uma linguagem penetrante e durável. Gostaria de usar uma linguagem que fizesse o mesmo.]

O. Estou interessado no processo de comunicação ou diálogo, ou falta dele, que ocorre neste grupo. Sinto que o senhor queria nos fazer sentir, continuamente, como é o sentir de alguém quando não existe comunicação – no caso, entre nós e o senhor. Só que qualquer que o senhor diz é fascinante. Não me arrependo de ter vindo; é bom ouvir. Sinto-me magoado, insultado, pelo fato de o senhor nos oferecer diálogo e não termos diálogo. O senhor nos permite conhecer – e sei disso de qualquer maneira – as limitações da linguagem, os perigos de sentir prematuramente os conceitos, a necessidade de deixar os personagens vagando sozinhos antes de conceituarmos, definirmos. No entanto, a linguagem humana não é tão ruim assim – o senhor, Dr. Bion, é uma pessoa que escreve muito; todos nós gostamos de ler seus escritos. Então, com toda certeza, o senhor sabe como usar a linguagem. Hoje mesmo alguém lançou a ideia de "cesura" – sem agressão, sem pedir definição, apenas para fazermos um jogo em torno dela. Mas o senhor não reagiu; o senhor ficou jogando com a ideia de que ninguém pode definir nada. Não me preocupo se o senhor disser: "Não vamos ter nenhum diálogo; só eu falo". Isso também seria ótimo, adoro ouvi-lo.

B. É uma pena a situação que o senhor descreve, em vez de ser capaz de se desenvolver alguma possibilidade, minha própria personalidade tenha se introduzido. [Se o senhor estiver certo, estraguei o diálogo, o senhor está certo em sentir que outra pessoa pode tê-lo feito melhor.] Tento propiciar a chance de preencher o vazio daquilo que eu deixei. Talvez amanhã, em suas sessões, cada um de vocês seja capaz de aprender algo que eu *não* fui capaz de lhes contar.

O. Parece-me que ocorre conosco, nesta sala, algo que ocorre equanimemente em nossos gabinetes, com certos pacientes. Não os gratificamos em suas perguntas; damos-lhe algo que eles podem usar, como o senhor disse anteriormente – plantando uma semente para germinação. Gosto especialmente do fato de o senhor não ser tão explícito, pois me dá uma chance de entrar em meu próprio pensamento e conseguir meu próprio desenvolvimento.

O. Todos estão interessados, mas há um desejo estranho que mistifica as coisas para as quais a linguagem humana seria adequada.

O. Meu sentimento é diferente – ainda que às vezes também tenha me sentido exasperado em não ser capaz de focalizar do modo que desejaria. O sentido que estou conseguindo obter de Dr. Bion é que está tão consciente de como os conceitos podem ser mal utilizados e concretizados e se tornar parte da bagagem que fica pelo caminho; na verdade ele mesmo quase não interpreta seus próprios conceitos, que muitos de nós achamos notavelmente úteis. Podemos empregá-los mal, é verdade.

O. Ele não sugere que você os emprega mal, mas sim que pode dar-lhes um uso melhor do que ele mesmo dá.

O. Sim, mas se tentamos lidar com algum conceito, esse conceito já não é bom.

O. Acredito que Dr. Bion tem como objetivo nos ajudar a pensar de modo diferente e que ele não sente que o diálogo comum seja útil.

O. Se isso é verdade, então não deveríamos ser instigados a fazer perguntas. Vamos dizer, apenas ficaríamos sentados ouvindo qualquer coisa que Dr. Bion falasse e não faríamos nenhuma pergunta.

O. Neste caso, Dr. Bion não seria capaz de exercer qualquer efeito.

B. Peço desculpas por minha presença factual dar a impressão de que esteja me comportando como se meu pensamento fosse algo para ser dialogado e que haja algo que motiva estarmos reunidos; ou, se possível, algo para conversarmos. Só que, ao mesmo tempo, não quero desorientar nenhum de vocês, no sentido de acharem que minhas características, sejam elas quais forem, seriam necessariamente desejáveis. Realmente, devem ultrapassar essa dificuldade específica para obter a verdade real por trás dela. O ponto central é o seguinte: na minha experiência, existe uma verdade real em nosso debate. Ainda que eu mesmo não tenha chegado a ela, alguma outra pessoa pode chegar. Os diálogos de Plantão provocaram pensamentos entre pessoas que nem mesmo existiam quando Platão, originalmente, engajou-se nesses diálogos.

O. Nos últimos dias, pensei novamente em algumas clivagens que surgiram e nas quais nos encerramos – faz muito, mas muito tempo mesmo, que não tenho sido tão estimulado. Pode ser que estejamos apenas expressando a dor que surge quando alguém nos faz pensar.

B. Há alguma qualidade redentora a respeito de tudo isso; podemos ainda reter uma esperança de que alguém, em algum tempo – talvez agora – faça melhor do que nós. Até certo ponto, conheço minhas limitações. Disponho de muitas oportunidades para aprender sobre minhas falhas e enganos, que não são interessantes, mas um incômodo. Entretanto, nossa expectativa, um tanto otimista, é a de que, dentro de qualquer comunidade, se considera que há pessoas que podem fazer melhor. Se temos nossa própria família, nossa esperança é de que ela pelo menos evite a maioria dos disparates que os pais fizeram.

O. Fiquei perplexo por conta de algo que sinto estar ocorrendo aqui neste grupo. Não entendo por que todo mundo está tão pronto em concordar que somos pessoas não pensantes. Como grupo, falamos uns com os outros a respeito de ideias existentes; durante o chá, durante as reuniões antes dos pacientes, depois dos pacientes até a meia-noite. Não estamos estupidificados, petrificados: não sei que tipo de modelo estamos erigindo para dizer que não devemos ser.

O. Gostaria de recomeçar minha questão sobre cesura. Penso que Dr. Bion me deu excelente resposta, mas foi tomada fora de contexto; foi uma ideia que me ocorreu depois da discussão sobre a existência intrauterina e os problemas do feto.[1] Fiquei querendo saber o que Dr. Bion queria dizer por cesura naquele contexto. Não tenho nenhuma queixa sobre o modo como respondeu à questão. Talvez agora que entendemos que foi suficiente, podemos retornar a partir daqui.

P. Você não acha que muitos aqui se sentem frustrados?

P. Pessoalmente, não gosto que ninguém fale por mim. Acho que Dr. Bion me inspira muito; penso ter entendido alguma coisa. Então, não tenho nenhuma reclamação quanto ao modo como ele manejou a coisa.

B. A minha dificuldade é que tenho de pegar emprestado palavras do passado, mas o passado terminou; não há nada que possamos fazer a respeito dele.

P. Podemos entendê-lo...

B. Só que tenho de usar este vocabulário e, infelizmente, como o senhor muito corretamente assinalou, nós o entendemos. Estou tentando assinalar algo que *não* entendemos. Vou usar esse modelo, mas quero alertá-lo de que é apenas um modelo. Então, é possível que ele obscureça mais do que ilumine. Existe algo que é o nascimento de uma ideia; sugiro que é uma experiência um tanto desconfortável. Seja um grupo, seja um indivíduo que esteja dando à luz a uma ideia, as dores associadas a essa experiência ficam extremamente irritantes e perturbadoras. Alguém, com certeza tentará colocar um freio nelas; ninguém gosta de dor. Acho que seria impreciso assumir que seja um problema apenas dentro desta sala. Sentimos que o indivíduo é único, que merece uma chance melhor de florescer, crescer, se desenvolver e, por conseguinte, ter um espaço no qual possa crescer – seja um indivíduo cercado por

---

1 Ver segunda palestra (p. 48). [N.E.]

uma pele ou por uma ideia, que se constitui como algo muito mais difícil de reconhecer. Poderia ficar surpreso, novamente apelando para anatomia e fisiologia, se fagócitos não se reunirem, tentando fagocitar esta nova ideia, antes dela provocar problemas, antes que se transforme, por contágio, em uma infecção. Pode não ser uma ideia patológica; seria lamentável caso fosse destruída. Essa parece ser a magnitude do problema com o qual cada pessoa aqui se defronta em seu próprio consultório. Podemos considerar e debater esses assuntos; seria uma grande pena se não ousássemos fazê-lo. Físicos e químicos podem desenhar maravilhosos diagramas da molécula de DNA, mas até agora não definiram a diferença entre o animado e o inanimado. Temos uma certeza: a de que essa diferença existe. Uma mesa parece ser diferente daquilo que nós somos. Definir isso pode ser assunto de pouca importância, mas tenho certeza de que existem ideias e sentimentos embriônicos, ideias primordiais, que merecem ter uma chance de desenvolvimento. Não sei se serão boas ou más, alguém precisa ter a coragem de dizer: "Mesmo que nasça um monstro, vou arriscar dar à luz".

O. Exigiria alguém dotado de grande energia.

B. Sim, pode haver pouca vontade para admitir essa energia em outras pessoas, além de si mesmas. Pode-se assumir um fato: qualquer pessoa pode dar à luz a uma criança ou a um monstro – é muito fácil. Então, ocorrem problemas quando se descobre que não é fácil. Não vejo razão, por exemplo, de acreditar que o movimento psicanalítico seja algum dia eliminado por algum governo ou autoridade, algo que tenha força. No entanto, não vejo por que devemos nos intimidar e nos abster desta atividade, a psicanálise.

O. Penso que temos muitos fagócitos nesta cidade que, como o senhor assinalou, estão sempre se unindo para se certificarem de que ocorrerá um natimorto. Sob tais circunstâncias, será difícil produzir uma ideia que não seja apenas nova, mas que sobreviva tempo suficiente, até tornar-se ameaçadora.

B. Usando linguagem pictórica, falo a respeito de células do sangue. Há pessoas que ficam impacientes, com amarras inevitáveis à comunicação verbal, e encontram outros métodos. Valéry falou sobre um pressuposto comum: que um poeta seria pessoa indisciplinada, desordeira, entrando em estado rapsódico; ao emergir desse estado, surge com um poema completo em sua mente, como se fosse um desfecho de um estado da mente – literal e metaforicamente – indisciplinado e intoxicado. Valéry acreditava que, ao contrário, um poeta fica muito mais próximo de um algebrista, e não de um alguém intoxicado.

O. Coleridge diria: "Trance um triplo círculo ao redor dele...".[2]

B. São esses os problemas envolvidos no ato de vermos nossos pacientes no futuro – um paciente que não vimos até agora. Mesmo que mantenha a mesma anatomia do paciente que pensamos

---

2 "Kubla Kahn", poema composto por Samuel Taylor Coleridge (1772-1834), em 1797. Uma das versões dessa obra, que teria mudado para sempre a composição poética, com ênfase romântica em imaginação, emoções e sonhos, foi o poema mais submetido a análises literárias desde sua criação em todo mundo. Teria sido escrito após um estado de intoxicação por ópio (*laudanum*), muito usado para aliviar dor, vendido em farmácias – inclusive na época de Freud. Uma das versões relata que Coleridge teria sonhado o poema e, ao acordar, tentado colocá-lo no papel; alguma pessoa teria interrompido a escrita de Coleridge, e o poema nunca pôde ser terminado, por esquecimento. O questionador apela para uma das últimas estrofes do poema, em que parece ter surgido a controvérsia ainda atual: se produções poéticas ocorrem antes, durante ou depois de estados intoxicados. O poema foi inspirado no imperador mongol e seu castelo, em Xanadu. O questionador traz uma pequena parte dos versos finais: "*And all who heard should see them there, /And all should cry, Beware! Beware! / His flashing eyes, his floating hair! / Weave a circle round him thrice, / And close your eyes with holy dread, / For he on honey-dew hath fed, / And drunk the milk of Paradise*". [N.T.]

ter visto ontem, ou na semana passada, ou no ano passado, nunca vai ser o mesmo que veremos amanhã.

O. O senhor pode nos dar uma indicação de como podemos ver algum paciente do modo que nunca o vimos; como suspender qualquer memória de ter tido contato com aquele paciente? Tenho tentado fazer isso; é muito difícil. O nome do paciente ficou na minha agenda; portanto, não posso erradicá-lo de meu futuro, a menos que jogue fora minha agenda.

B. Realmente, fica muito difícil dizer como alguém pode desnudar sua mente; como se despir de preconceitos, memórias, desejos, todos fazedores de tal ruído, impedindo que escutemos nossos pacientes – ou impedindo, pelo menos, que escutemos aquilo que precisamos ouvir. Segundo minha experiência, o ruído do passado produz tanta reverberação, tantos ecos, que fica difícil saber se estou realmente ouvindo o paciente ou se estou sendo distraído por algum desses fantasmas do passado. Tive a experiência de ver um adolescente e pensar comigo mesmo: "Muito esquisito. Quase não fala; permanece sentado, com aquele sorriso estúpido". Não consegui conceber o que me recordava tal semblante, tal pessoa. Na manhã seguinte, ao me barbear, eu o vi no espelho. Por isso me era tão familiar. Supunha-se que o jovem fosse um adolescente, não se supunha que fosse o analista, não se supunha que estivesse me ensinando algo. Supunha-se que eu o estava analisando. Mas, na verdade, o paciente havia segurado um espelho no qual pude ver a minha face; apenas eu não a reconheci.

P. O que isso te ensinou a respeito do adolescente?

B. Ensinou-me que era melhor que eu tentasse esquecer ideias dolorosamente adquiridas sobre psiquiatria, psicanálise, psicoterapia e a bagagem que eu estava carregando e arrastando em torno de mim; isso tudo ficava interferindo. Se pelo menos pudesse ver isso naquele momento, quem sabe teria feito alguma contribuição útil.

Q. O quê, por exemplo?

B. Sei lá – jamais cheguei a fazer alguma contribuição. Perdi o paciente na primeira entrevista – teve todas as razões para ir embora.

P. Se o senhor pudesse especular, se tivesse entendido aquilo que entendeu no dia seguinte, o que teria feito?

B. Não posso dizer, não posso me basear, neste momento, em informação do que aconteceu naquele dia, naquela hora, e que fizesse uso dela, naquele momento, caso eu estivesse aberto para o que aquela pessoa havia tornado disponível para mim. Em outras palavras, a sessão analítica não tem preço; a potencialidade da sessão analítica, a experiência emocional direta, está fora de alcance; quase que na mesma proporção daquilo que se refere ao preço.

O que outras pessoas estão preparadas para nos contar, sobre algum paciente, não vale nada, quando comparado com o que o paciente nos conta – pode ser de forma verbal, dramática, mimética.

O. Então, o senhor nos diz que captura a coisa nela mesma, isolando-a na sessão analítica. No entanto, parece-me muito difícil capturar a coisa nela mesma, quando não temos treinamento necessário.

B. Eis aí uma das grandes dificuldades. Como Freud colocou, temos de saber onde olhar, onde vai ocorrer a aparição – literalmente. Não estou falando a respeito de fantasmas ou espíritos; a coisa que realmente aparece, aparece. Precisamos ter nossos sentidos dirigidos para tal coisa. Quando começamos a sentir algo, podemos nos aproximar, focalizando o ponto da irritação – usando o termo segundo o sentido neurológico, de irritação nervosa.

[J. M. Barrie conduziu uma audiência esperando a aparição de Mary Rose na entrada do palco, em direção ao qual todo o elenco dirigiu o olhar. Com isso, possibilitou que a atriz entrasse sem ser observada. Com as luzes aumentando de intensidade, veio a ilusão de que um espírito – não um corpo físico – havia estado presente.][3]

O. Parece-me que a "bagagem" que trazemos conosco fica aparentada a uma condecoração, acrescentada ao caráter, impedindo uma espécie de neuropercepção.

B. Sim, é possível.

O. Pode ser que a bagagem, interferindo na comunicação, ou a sabedoria, facilitando-a, aumentem a possibilidade de ter uma experiência. O senhor não pode dizer que teorias sejam bagagem.

B. Não, mas teorias transformam-se em bagagem. Minha esposa me perguntou: "O que devemos levar a Nova York?"...

O. O senhor trouxe pouca bagagem!

B. "Hoje a temperatura é de oitenta graus Fahrenheit. Ontem foi de quarenta.[4] Que roupa devemos levar?". É bem simples. Mas quando vem a questão da bagagem mental, bem, temos aí um problema. Acredito que, no todo, o tipo de bagagem psicanalítica que juntei é mais um crédito de que um débito; aquilo que ficou no momento em que a mobilizei me parece ser mais valioso, comparado com o que descartei ou com aquilo que me esqueci. No entanto, só o tempo pode dizer; infelizmente, é improvável que possamos viver tempo suficiente para saber a verdade.

O. Enquanto estava com um paciente, minha mente vagueou para uma preocupação pessoal. O paciente disse ter se sentido

---

3 James Matthew Barrie (1860-1937), novelista escocês, famosíssimo nos países de língua inglesa, na época de Freud e na juventude de Bion, mais conhecido pela novela de amplitude universal *Peter Pan*. Bion se refere a uma peça hoje quase desconhecida chamada *Marie Rose*, levada a cabo pela primeira vez quase que simultaneamente em Nova York e Londres, em 1920. [N.T.]
4 As temperaturas equivalem, respectivamente, a 26 e 13 graus na escala Celsius. [N.T.]

desconectado. Penso que não fiz nenhum som, mas sei que o sentimento do paciente se relacionou a meu pensamento a respeito de mim mesmo. Não entendo isso.

B. Tenho a impressão de que seja uma característica fundamental, primordial. Não penso que seja adquirida por meio da leitura de livros – ou conhecendo pessoas, ou tendo muita experiência de vida Mesmo uma criança fica consciente de sentimentos de dependência *e* de isolamento. Não há a menor dificuldade em descrevê-los gramaticalmente – "estive completamente sozinho na sala, com fulano e beltrano". Entretanto, atribuímos muito pouca importância a essas palavras. Apenas quando olhamos de modo mais detido, quando trazemos a coisa para nosso microscópio psicanalítico, que aparece o fato de que um lugar-comum tem um significado do qual muitas pessoas não estão conscientes. Penso que somos sacudidos, no fundo de nós, por algo que parece tão insignificante, quase imperceptível; provavelmente vai se perder nas profundezas do entendimento, de tal modo que essa centelha de *insight*[5] pode acabar sendo engolfada por tanto entendimento.

---

5 Termo cunhado por Freud, em alemão *Einsicht* e, às vezes, *Einblick*. Freud também utilizou esse termo na língua inglesa em versões aprovadas por ele de James e Alix Strachey e Joan Riviere. Trata-se de um anglicismo precoce que se espraiou no movimento psicanalítico e se consagrou pelo uso. Inicialmente, designava uma autoapreensão ou autoconsciência de estados vistos como doentios, patológicos; logo ganhou uma concepção ampliada para estados não doentios, isto é, uma emoção mais profunda de autorrevelação abrangendo toda a personalidade (ou os três níveis de consciência ou as três instâncias psíquicas); tal uso foi consagrado a partir do prefácio para a terceira versão em inglês de *A interpretação dos sonhos*. Gregory Zilboorg (1890-1959), um autor hoje pouco conhecido, em 1952, e depois Anna Freud, em 1981, contribuíram para unificar o conceito, já utilizado largamente por boa parte dos analistas praticantes em sua concepção ampliada. Nos anos 1990, o sentido e o significado do termo foi ainda mais ampliado, em função da enorme disseminação dos termos psicanalíticos na população geral, alcançando senso comum – por disseminação do próprio conhecimento psicanalítico – e lugar-comum, em

P. Existe alguma associação entre sua recomendação de que a pessoa evite a memória, o desejo e a noção de abstinência de Freud, alguém que costumava dizer que era adequada para a prática dos analistas?

B. Pensaria que são muito próximas. Melanie Klein costumava dizer que não era uma analista "kleiniana", apenas uma psicanalista trabalhando na mesma linha de Freud. Mas, gostasse ou não, foi condenada a ser uma "kleiniana". Então, com referência à sua questão, a pessoa gostaria de ser capaz de reconhecer seu débito sem insultar aquele de quem se diz ter emprestado a ideia.

O. Penso ter visto mais uma semelhança: Freud fez uma recomendação, em *A interpretação dos sonhos*, de que analistas deveriam abordar sonhos isentos de preconceitos.

B. Exatamente. Penso que, ao colocarmos desse modo, não estamos distorcendo o que Freud disse. Temos a esperança de aquietar nossos ruídos internos, a fim de ouvir o que está sendo dito. Fica difícil combinar tal atitude com o uso do conhecimento ou da experiência que outros nos tornam disponíveis. Esta é a diferença entre viver a vida e teorizar sobre ela.

O. Quando vivemos, também sentimos não poder conhecer a coisa mesma – penso que Kant estava certo. Há sempre algo na percepção humana, que já está lá. As crianças dizem: "Não podemos sair disso".[6] Tentamos ao menos descobrir o que nos é possível,

---

termos de banalização e degenerescência. O termo *"insight"* passou também a designar percepção ou apreensão da realidade externa, além da realidade interna, muitas vezes substituindo termos como "sabedoria". Acompanhando a plasticidade dinâmica e rapidamente mutante da língua inglesa, surgiu o termo adjetivado *"insightful"*, hoje de uso corrente em bibliografia não psicanalítica. Decidimos manter o termo em inglês pelos motivos expostos anteriormente. Versões literais em português, como "introvisão", nunca – até o momento – ganharam aceitação. [N.T.]

6 No original, *"We cannot crawl out of our bag"*. [N.T.]

mas só se mantemos em mente que na verdade *não* podemos descobrir; chegamos relativamente perto, tanto quanto possível. Um dos participantes dessa conversa pareceu tê-lo ouvido literalmente, não como um modo de falar, quando exclamou: "Olhando em minha agenda, reconheço o nome, sei que é o paciente". É claro que a pessoa tem memória, é claro que, se caminho daqui para lá, tenho uma teoria sobre leis do movimento. Ninguém pode fazer nada isento de teorias implícitas. Podemos falar metaforicamente para exprimir um sentimento intenso; podemos soletrá-lo. No entanto, talvez estamos um pouco mais perto de conhecer a coisa nela mesma quando assinalamos: não podemos conhecê-la.

B. Alguém deve ousar fazer uma travessia contendo vários estágios preliminares, antes de conseguir alguma teoria. Quis dizer isso quando enfatizei a ousadia de exercitar uma especulação imaginativa e um raciocínio especulativo; o lugar que alguém gostaria de preencher com fatos fica ocupado por probabilidades – probabilidade no sentido de Kant, em meu entendimento, algo para o que não existem fatos adequados. Pode existir evidência suficiente, justificando dizer: "De fato, conheço isso". Entretanto, precisamos lidar com situações, literalmente, estimuladas de repente, em momentos específicos.

O. Sabendo ou não, dizendo ou não, todos nós vivemos pelas nossas teorias. A maioria de nós vive pela teoria de que nenhum espírito ou *poltergeist*[7] está vagando por aqui. Estou consciente disso, pois no momento tenho uma paciente para a qual é

---

7 *Poltergeist*: entidade fantasiosa galhofeira ou malévola, ou que apresenta os dois "comportamentos" misturados; muitas vezes tal comportamento inclui fantasias sexuais. Anteriormente mais conhecido no hemisfério norte, o termo foi popularizado mundialmente por Steven Spielberg que lançou o filme *Poltergeist*, uma década após o falecimento de Bion, em 1982. Aliado à anglicização de muitas línguas, como o português, a palavra ganhou *status* de neologismo em boa parte dos países, inclusive o Brasil. [N.T.]

absolutamente natural acreditar na existência de *poltergeists*. Filha de um exorcista, cresceu com isso: "Hoje, papai teve um *poltergeist*", como se fosse: "Papai teve um novo paciente" – há dinheiro entrando. Vamos dizer que houve um movimento, em uma cortina. A pressuposição da paciente é de que havia alguém ali – não há nenhum medo, nada; é apenas e tão somente a mesma teoria que acredito quando espero que essa cadeira não saia voando. Pode ser que existam *poltergeists*; ela pode estar certa, é uma probabilidade.

B. Posso ter teorias sobre bebês. Posso ter teorias sobre o pensamento de bebês. Acontece que bebês não precisam ter teorias sobre isso – simplesmente pensam. Posso imaginar – novamente permito-me ter uma especulação imaginativa – que, em determinado ponto, um bebê começa a suspeitar que por trás da comida e do carrinho onde está sendo levado, existe algo real, existe uma pessoa de verdade. No entanto, inexiste linguagem para isso. Temos de aguardar, antes que esse bebê possa chamar aquele "algo" de "Mamãe" ou "Papai".

O. Sempre pensei que bebês chamavam isso de "objeto"!

B. Provavelmente, sim – se pudéssemos traduzir de volta para a linguagem original de bebês.

P. Por que a primeira experiência daquilo que é conhecido não pode constituir-se como um "ser"? Experiências psíquicas não são sensoriais – como pode ser uma "coisa"?

B. Posso imaginar ruídos provenientes de algo correndo dentro de meu crânio; ou batidas ocorrendo em algum lugar dentro de mim; imagino que pode suspeitar de uma "coisa" que entrou ou havia entrado em mim. Um bebê não pode usar discurso articulado; então, há um abismo entre um bebê, que conhece fatos, e nós, que conhecemos uma linguagem. A pessoa pode se identificar com alguém que, potencialmente, está capacitada para discursar de modo articulado; a pessoa também pode – ou assim me parece – reter algumas características fantasmáticas que conhecem coisas que são desconhecidas a mim e não verbalizadas. Tudo o que meu corpo fala é: "Está doendo". Não é muito informativo; não é muito mais informativo do que alguém acionando a buzina de um carro, fora desta sala, na rua – não nos diz grande coisa. Não podemos transformar nem interpretar nada dessa categoria a que me refiro, quando percebemos movimentos nos pés e mãos acionando uma embreagem e os freios.

O. Gostaria de falar algo sobre o ódio. O senhor menciona eventos prévios ao conhecimento; eventos que estão trilhando um caminho, para se tornar conhecimento. Fiquei confuso, pois o senhor afirmou que eventos que ainda não se constituem em conhecimento são prováveis. O ódio é algo absoluto.

B. [Quando me refiro a "ódio absoluto", assinalo um polo de amor; não pode haver escuridão sem que exista luz.]

P. No artigo sobre as partes psicóticas e não psicóticas da personalidade, o senhor descreveu um sentimento de ansiedade quando seu paciente disse que ia atacá-lo. Pode descrever esse sentimento? Costuma ocorrer muito com o senhor?

B. É muito comum, para mim, não gostar desse tipo de evento e me é suficientemente comum ter métodos automáticos de estar consciente disso. Consigo manter em bom estado de funcionamento um sistema defensivo. Desse ponto de vista, defendo-me automaticamente contra sentimentos, experiências e pessoas que começam a incitar algum sentimento desagradável. Fico, ao mesmo tempo, tentando saber o que está ocorrendo. Então, em relação a esse aspecto, a pessoa fica em guerra consigo mesma; em guerra contra defesas naturais.

P. Quando o senhor descreveu o sentimento, naquele artigo, disse que, em continuidade a sua interpretação, o paciente tentou colocar no senhor um medo de ser atacado; o paciente então fechou os punhos com tanta força, a ponto de perceber-se um branqueamento nos nós de seus dedos. O que o deixou enraivecido? Sua interpretação?

B. Com certeza. É uma razão pela qual podemos ser algo otimistas em supor que nós, analistas e analisandos, falamos algo que nos isenta de odiar a psicanálise. Em função de nossa própria atividade, estamos perpetuamente incitando nas pessoas ódio em relação a ela. Ao assim fazer, no entanto, mutilamos nossos *Selves*,[8] como se nos tornássemos incapacitados para ter sentimentos de ódio e de amor. O problema é como evitar automutilação e ao mesmo tempo não mutilar esses galhinhos tenros, em desenvolvimento, de conduta civilizada.

O. Penso que todos os analistas, neste nosso século, gostariam de saber se o desenvolvimento da psicanálise se constitui como algo bom para o mundo – ou não. É tão doloroso.

B. Sim, é.

P. O senhor pode elaborar melhor o que disse sobre analistas se odiarem como analistas?

B. Não faltam inimigos – eternos e internos. No todo, podemos pensar ser redundante a criação de mais algum inimigo. Tudo bem até este ponto talvez. No entanto, nosso próximo passo é o momento no qual começamos a nos defender de nós mesmos e a defender uma posição que podemos não ter decidido se é defensável

---

8 Plural de *self*. O leitor pode consultar ou reconsultar a nota de rodapé 3 da primeira palestra (p. 121). Embora o anglicismo *self*, implicando referência à personalidade individual como um todo, tenha se consagrado pelo uso, o plural ainda não alcançou esse *status*, justificando esta explicação. [N.T.]

ou não – como defender a psicanálise, mantendo o direito de praticar a psicanálise, antes que tenhamos uma chance de decidir, de modo realmente convincente, que temos evidências que alicerçam o valor dessa atividade.

P. Que tal defendermos nosso direito de decidir?

B. Bela ideia; se fosse de outro modo, teríamos de considerar a seguinte possibilidade: decidimos sob pressão de forças sobre as quais nada sabemos. Queremos defender essa ideia; queremos defender o ofício de tentar investigar nossa capacidade de decidir.

O. Trabalhei com um paciente psicótico que tinha 35 anos quando me procurou; estava em tratamento há quinze anos. Tinha uma ideia prevalente,[9] sob forma de sentença, "Não sou homossexual"; e não era. Só podia trabalhar à noite; não conseguia ficar à luz do dia. Trabalhava na cozinha de uma boate e coletava todas as comandas deixadas pelos garçons. Queria certificar-se de não ter escrito, automaticamente, "Não sou homossexual". Depois de muitos anos – talvez quinze – perguntou-me se poderia trazer essas comandas para a sessão. Melhorou e iniciou uma vida normal: trabalhava durante o dia e conversava com as pessoas. Ao mesmo tempo ganhou maior vivacidade e desenvoltura na comunicação de suas fantasias. Sugeri-lhe que talvez pudéssemos parar.

Outra ideia prevalente era a de ter uma mulher em seus braços; queria ser capaz de amar uma mulher e se casar. Disse que podia crescer e realmente ficar cada vez melhor. Censurei-me por quase ter desistido desse homem.

Aos 50 anos, conheceu uma mulher no escritório; uma pessoa divorciada, com dois filhos; dela se aproximou. Não pude acreditar. Fiquei pensando: "Por que pensei que esse homem não seria capaz fazer esse tipo de coisa?". Casou-se e, apesar de nunca ter tentado

---

9 No original, "*idée fixe*". [N.T.]

fazer sexo, nem com homens, nem mulheres, após algumas semanas viu que funcionava e adorou. Casaram-se na primavera e, no verão, planejaram viajar para a Itália. Ao voltar de minhas férias de verão, o paciente não apareceu. Pensei: "Está indo tão bem que até se esqueceu de mim – ótimo". Não apareceu na sessão seguinte. Telefonei para seu escritório. Ele havia sofrido um ataque cardíaco, tinha falecido.

Fiquei pensando, será que essa pessoa ficou trabalhando por um modo de vida em que faltava uma engenharia?[10] Teria alguma importância o fato dele ter falecido? Ele morreu e uma viúva sobreviveu, não morreu como homossexual, então talvez tenha valido a pena. Sobre o que foi toda essa história? Não sei. Será que esse paciente se beneficiou dos trinta anos de tratamento.

P. Está dizendo que assassinou o paciente?

O. É claro que fiquei pensando nisso.

O. Ele cresceu e morreu.

P. Pensou que o paciente fosse viver para sempre após tê-lo curado?

O. Só tinha 56 anos ao morrer.

O. Seria possível que essa pessoa, de algum modo, ligasse amor a morte – ao florescer no amor, aproximou-se mais da morte?

O. A esposa me telefonou, dizendo: "Meu marido frequentou seu consultório durante certo tempo, antes de nos casarmos". Acrescentou: "Contos de fadas não duram muito – foi um conto de fadas, muito lindo".

B. Recordo-me de um homem primitivo, da tribo Maori, discutindo uma questão desse tipo: "Será o homem uma pedra que

---

10 No original, "*machinery*". [N.T.]

deve viver para todo o sempre?". No caso de alguém que embarca nessa ousada aventura, a de ser um objeto animado, vai morrer.

O. Também cheguei a essa conclusão.

O. Talvez tudo isso esteja ligado ao ódio em ser analista. Muitas pessoas tem uma noção razoavelmente precisa a respeito do que fazem ou do que não fazem em seu trabalho; nós nunca vamos saber.

P. Sua questão é se teria ajudado esse paciente? Ou se o teria ajudado a morrer?

O. Sim.

O. Nunca poderá saber – o que torna a coisa desagradável.

P. Que diferença faz já que a morte é uma parte da vida?

O. É verdade. Ele teve uns meses bem felizes.

P. Teria sido melhor para ele viver até os 70?

B. Estou impactado pela firmeza daquilo que denominamos "consciência". Foi assinalado que a consciência nos faz covardes.[11] E assim é. Consciência constitui-se como um desses fanfarrões realmente vitais, dificilmente controláveis. Por um lado, é algo muito moral. Qualquer um que proponha o jogo livre da moralidade está, em função disso mesmo, pecando. Em algumas religiões as pessoas falam de um "pecado original"; Freud descreveu uma "culpa flutuante". Tem uma longa história, muito mais longa do que a história daqueles que conseguiram conectar rótulos articulados. Então pode ter certeza de que, como analistas ou analisandos, somos vitimados por sentimentos de culpa e podemos iniciar uma carreira na detecção de crimes. O indivíduo pode gastar todo tempo de sua vida levando a cabo exercícios de penitência, devotando

---

11 "*Thus conscience does makes cowards of us all...*" (William Shakespeare, *Hamlet*, ato III, cena 1). [N.T.]

sua atenção para confessar pecados de um tipo ou de outro, mesmo cometendo crimes para obter algo a confessar.

O. Acho que gostaria de confessar isso.

B. É enorme pecado para alguns ter prazer consigo mesmo. Se a pessoa obtém alguns meses de alegria – e o que é pior, de alegria sexual –, com certeza vai sofrer por causa disso. Se não fosse outra pessoa, seria o analista.

O. Minha confissão ajudou – jamais contei essa história anteriormente.

P. O senhor diria que a doutrina do pecado original da Igreja católica é uma forma pela qual se fala sobre o preço de culpa de cada um de nós; um preço que temos de assumir? Algumas dessas pessoas, percebendo isso, foram tão sábias quanto Freud?

B. Religiosos possuem, de modo geral, longa história de familiaridade com aquilo que chamam "alma" ou "espírito. Portanto, não surpreende que remanescentes de antigas histórias tenham ficado gravados de algum modo. Tampouco surpreende que estejamos nos defrontando, uma vez mais, com o mesmo fenômeno, o mesmo fato da culpa, experimentado em nós mesmos ou visto em outrem.

P. Seríamos humanos sem culpa?

P. Somos obrigados a ter tanta culpa?

O. Parece-me mais intensa do que foi centenas de anos atrás. A destrutividade que vemos ascendendo hoje é o outro lado dos sentimentos de culpa, em termos de impulsos agressivos. Estou me permitindo uma especulação imaginativa: tento saber se, no ano 2000 ou 3000 – presumindo que existirá um mundo nessas datas –, o ser humano vai continuar nessa tendência; ou se haverá algum tipo de mudança.

B. Poderíamos, talvez, ficar vulneráveis à acusação de que não só continuamos a existir como também temos aspirações de viver uma vida que vale a pena ser vivida – será acrescentar uma ofensa à agressão![12] Se realmente somos culpados de tal ato agressivo de sermos animados, não sei a quem ou a que estamos nos opondo. Não vejo nenhuma razão para acreditar que o universo no qual nos encontramos esteja disposto de forma amigável. Em nosso planeta, existem objetos animados. Mas os cientistas, fazendo muitos testes espaciais, ainda não descobriram nenhum sinal de vida em nenhum outro local – ainda que seja verdade que esses mesmos cientistas não tenham saído do sistema solar.

O. É como o crime de ter nascido humano.

B. Ou potencialmente "civilizado".

P. Por que me sinto tão deprimido neste instante?

O. O senhor me fez lembrar de um artigo, escrito por Kurt Eissler – ele sente que o animal humano não sobreviverá; o ser humano destruirá a si mesmo.

O. Podemos nos tornar mais uma espécie extinta.

O. Isso já aconteceu anteriormente com muitas espécies.

O. Para reverter esse extermínio da memória: sei o que o senhor quer dizer, sei que é algo bom, mas há o perigo de tomar o que senhor fala de modo excessivamente literal. A memória fisiológica está nos nossos genes – não é possível eliminá-los.

O. De minha parte, tomei isso como metáfora.

O. Sim; no entanto, penso que deveríamos nos lembrar de que a memória fisiológica já está lá; se o pecado original está lá, seja lá

---

12 No original, "*insult to injury*". [N.T.]

qual for o pecado – o potencial para a alegria também –, vivemos segundo nossa memória fisiológica.

O. Mas quando ficamos realmente absorvidos em algo não temos memória.

B. Gostaria de inventar um par de palavras para podermos progredir: "genótipos" e "genomenas"; sendo que genomena quer dizer o nascimento de algo que aparece, a contraparte de um fenômeno.

P. Um fenótipo?

B. Um fenótipo e um fenômeno são uma contraparte de um gene.

P. O que isso significa?

B. Não sei, inventei com a esperança de que algo apareça e se aninhe nesta invenção; que algum conteúdo solto, flutuando, descubra algum lugar onde se alojar.

O. O senhor inventou esse termo em conexão com a memória; estou lutando por fazer uma conexão.

B. Suspeito que exista alguma contraparte para o termo "nascimento de ideias"; existe alguma razão para imaginar que nossas experiências dolorosas estariam relacionadas com o processo de fazer nascer uma ideia – ou "lutar por fazer uma conexão", que é uma instância do pensamento. Uma instituição, uma sociedade de seres humanos, pode ser incapaz de sobreviver à agonia do nascimento de uma ideia – esfacela-se. Sem sombra de dúvida, somos negligentes com nossa parteira psicológica. Parece que sentimos que a melhor coisa a ser feita com uma ideia recém-nascida é dar-lhe uma sonora bofetada.

O. Se essas ideias ficam a favor da ordem, tem boas chances de serem aceitas. Mas se a ideia anuncia que não há ordem de espécie alguma – apenas a desordem – fica horrível, mesmo que seja verdade.

O. O modo pelo qual entendo a memória é que sempre se constitui como aspecto parcial da experiência. Esquecer, expulsar memórias, é expulsar um aspecto parcial da experiência, mas se uma experiência levar em conta a totalidade, a memória é um componente vivo do aspecto de totalidade maior dessa mesma experiência. Então, esse negócio de genes não entra nessa experiência.

O. Não é de Freud a afirmação de que sonhar é, entre outras coisas, um modo de lembrar-se? A memória possui muitas faces.

B. Gostaria de sugerir que, se alguém reconhecer remanescentes, os sobreviventes de uma cultura, flutuando na conversa, em seu consultório, seria bom substituir enxadas por pincéis de pelo de camelo para lidar muito cuidadosamente com tais remanescentes, com o intuito de delinear qual foi a civilização da qual se descobriu um remanescente. Dei um exemplo da situação do qual o senhor não obteve nada além de conjunções e nada que as pudesse ligar. Falta a ideia que deveria ser conjugada por algo que ficou flutuando em seu consultório.

O. Perturba-me aquilo que o senhor disse a respeito de culpa – que culpa é uma coisa terrível. Penso que terrível é a psicopatia. Graças à culpa, existe uma coisa que é a consciência. Melanie Klein fala de reparar a culpa; Winnicott, da capacidade para preocupação que provém da culpa. O maior perigo sobre o qual o senhor se refere como "subjacente" a toda essa distorção de linguagem é a existência de uma psicopatia fundamental.

O. Soa como se estivesse falando de Watergate.[13]

---

13 Parte dos leitores atuais podem se recordar do escândalo eleitoral que provocou a renúncia de Richard Nixon (1913-1994), poucos anos antes da visita de W. R. Bion a Nova York. [N.T.]

O. Não. Estou falando da vida.

O. E que tal a seguinte noção: um excesso de repressão em relação a um excesso de culpa? Existe culpa mal colocada, não apropriada.

B. Culpa é um sentimento horrível, machuca demais. Quando somos magoados, a tendência é magoar de volta. Se nossa pele irrita, coçamos mesmo com o risco de produzir feridas, em nada melhores que a irritação original. Só que alguém, algum dia, tem de ousar investigar essa dor horrível. O senhor diz algo que envolve mais investigação a respeito de culpa; não é o mesmo que dizer que culpa não exista, ou que não seja dolorosa, mas de continuar observando. Pode ser que detecte psicopatia. Envolve defrontar-se com a culpa da qual se está consciente. O mesmo acontece com outras emoções; não é bom falar de um home valente quando ele está tentando evitar tomar ciência de um perigo do qual ele corre; deve saber que se está lidando com uma situação perigosa. O que é conhecido sentido como perigoso, e ainda é entendido assim, parece-me ser a verdadeira coragem.

O. Portanto, estar consciente dos perigos da psicanálise implica praticá-la.

B. E continuar praticando.

O. Ou isso é heroico ou é psicopático!

O. Sempre gostei de uma afirmação de um analista sábio: "Quando descobrimos por que entramos na prática da psicanálise, *é* muito tarde para cair fora".

São Paulo, 1978
Dez palestras

Introdução

Este conjunto de palestras, realizadas em abril de 1978, na Sociedade Brasileira de Psicanálise de São Paulo, foi o terceiro desse tipo. Aconteceram em tardes consecutivas, com uma pausa para o fim de semana, entre a quinta e a sexta. Trata-se de uma versão editada das contribuições espontâneas de Bion, sem qualquer anotação. Espero que, apesar de a palavra impressa implicar necessariamente uma edição, espero ter preservado o frescor essencial de suas comunicações faladas.[1]

Francesca Bion

---

1 As conferências contaram com a presença de um intérprete quase simultâneo, que também colocou suas próprias dúvidas. Além disso, Bion também inseriu alguns trechos no texto preparado por sua esposa – ainda que em menor número, em comparação com os existentes nas conferências em Nova York. [N.T.]

Primeira

Bion. Não vou falar sobre psicanálise; presumo que todos aqui estão familiarizados com a experiência analítica. Estou convencido de que não há nenhum substituto para o ato de se submeter a uma análise com um psicanalista. Frequentemente, as pessoas se enganam, pois falamos de modo familiar, coloquial, de tal maneira que termos técnicos psicanalíticos, como "complexo de Édipo", "identificação projetiva", "identificação", quase se tornaram parte do discurso culto; não se entende que é essencial submeter-se à experiência psicanalítica. Aqueles que pensam conhecer tudo a respeito do jargão psicanalítico acreditam poder falar de modo idêntico ao de um psicanalista com um paciente que procurou por ajuda. Entretanto, "idêntico" não é a mesma coisa que "psicanálise"; o resultado é a grande proliferação de diferentes espécies de psicanálise, geralmente "novas e melhores" – usando sarcasticamente essas palavras. Essa espécie de tratamento evoca poderosas reações emocionais e o assim chamado psicanalista também reage emocionalmente. O resultado imediato é que gradualmente piora a reputação da psicanálise. Caso tal processo perdure, a psicanálise não vai ser capaz de sobreviver. Portanto, carregamos pesada responsabilidade. Proponho falar do mesmo problema com o qual psicanalistas tem de lidar quando estão trabalhando com psicanálise. Freud, impressionado pelo *slogan* de Paris – *Fluctuat nec murgitur* – traduziu-o, mais ou menos, como "açoitado pela tempestade, mas não submerso". Pessoas que são boas imitações de psicanalistas *submergem* em função da tempestade que evocam. O estado mais desejável pode ser visto como um estado difícil; vou tentar descrevê-lo: um psicanalista, se passou por uma análise de verdade e se foi treinado por um instituto psicanalítico real, é um ser emocional. Portanto, sendo alguém que sente, compartilha uma experiência emocional nessa tempestuosa turbulência. Pode também ficar treinado para pensar, enquanto envolto por emoções tempestuosas.

Utilizando a guerra como exemplo: não se espera que um oficial fique inconsciente de uma situação terrível e perigosa; espera-se que seja capaz de continuar pensando, caso se encontre em uma posição na qual surja o pânico, o medo – permitam-me lembrar-lhes do deus Pan. Não se espera que esse oficial fuja. Apesar de estar no meio de uma tempestade emocional, espera-se que prossiga pensando de modo claro. Desse modo, tal oficial arranja um foco a partir do qual emerge uma reação mais disciplinada; sua tropa não fugirá, mas ficará firme.

Uso deliberadamente esse modelo, pois uma situação de consultório tem aparência muito diferente. Geralmente, acontece dentro de uma sala confortável; aparentemente, não há nada a temer. No entanto, os pacientes podem se levantar, abandonar a sala e nunca mais voltar. Não se espera que o analista se considere vítima de emoções que *o* façam abandonar a sala; não se espera que fique inconsciente desses sentimentos poderosos nem se supõe que deixe de ter um pensamento claro. Tampouco se espera que fique inundado por desejos, inclusive desejos sexuais. A situação é básica e fundamental; ainda que apareça em grupos, também aparece quando existem apenas duas pessoas na sala. Alguém pode expressar isso de modo muito próximo em termos biofísicos, como elementos químicos provenientes das adrenais. Quando essas reações químicas começam a funcionar no embrião? Quando se pode dizer que um embrião sente medo ou agressividade? Sei que não se pode arriscar uma imaginação sem estar vulnerável à acusação de que estamos simplesmente sendo indulgentes com nossa imaginação. Entretanto, penso ser da máxima importância que possamos ser capazes de fazer isso. Um paciente que não tenha nenhum sonho provavelmente não vai ter nenhuma imaginação; isso se torna um sintoma significativo, um sinal que podemos reconhecer. Reiterando, mas um pouco diferente, e novamente fazendo referência a grupos: em *La Légendes des Siècles*, Victor Hugo disse que a emoção compartilhada por dois exércitos em guerra é o terror. Se alguém foi membro de algum exército, sabe o que é estar aterrorizado, mas imagina que o inimigo é totalmente composto de lutadores corajosos e disciplinados. Em um dia de Natal, durante a Primeira Guerra Mundial, aconteceu uma confraternização entre dois exércitos oponentes. Todos os soldados sabiam bem o que era uma guerra e, por essa razão, confraternizaram. A equipe foi em parte retirada da experiência de combate, porque se percebeu que, de um ponto de vista militar, o fato de emergir das trincheiras e cumprimentar o inimigo correspondia a fornecer informações importantes a respeito da quantidade e da posição de suas próprias forças. O comando – dos dois lados –, de posse de tal observação, passou a impedir qualquer tipo de confraternização. Aquela experiência nunca mais se repetiu, nas duas Grandes Guerras; foi assassinado o cavalheirismo.

Na experiência emocional que ocorre em uma análise, os psicanalistas ficam em posição quase análoga à dos oficiais: são obrigados a pensar de modo claro. Soa como algo muito simples, especialmente para quem jamais esteve em uma análise.

Quero voltar agora para aquilo que nós, como analistas, podemos observar na experiência analítica. Quais são os fatos que acreditamos que devem ser observados? Como chegam até nós?

Considerar esse assunto de um modo acadêmico – exatamente o modo que podemos fazer quando não estamos somos analistas praticantes, mas em uma discussão como a que ocorre aqui –, quero sugerir que, na verdade, não vemos nem observamos aquilo que comumente pensamos ser os "fatos".

De início, o analista desconhece o que está ocorrendo; se somos honestos, temos de admitir que não temos a menor ideia do que está ocorrendo. No entanto, se permanecemos no local, ou seja, se não fugimos, se continuamos observando o paciente, "um padrão vai emergir".[1] Isso é possível quando estamos lidando com fatos aos quais ficamos sensíveis fisicamente – resumindo, tudo o que nossos sentidos nos trazem. Portanto, há um problema: quais seriam nossas interpretações de fatos que nossos sentidos tornam disponíveis para nós? Em outras palavras, é preciso existir aquilo que denominamos "interpretação" com base no que nos relatam nossos sentidos. Há muita coisa que eu denominaria "evidência", que me faz pensar que exista alguma coisa como uma mente.

Suponha que a palavra "mente" não se refere a um invento da imaginação, mas a uma espécie peculiar de "fato". Gatos e cachorros parecem se comportar como se tivessem mentes; não vejo nenhuma razão para supor que exista alguma modificação fundamental quando um desses animais aprende um truque, como

---

[1] Observação prática de Jean-Martin Charcot (1825-1893) que impressionou Freud. Também impressionou Bion, que a colocou em todos os seminários e palestras que ministrou em algumas cidades ao redor do mundo: Londres, Los Angeles, Buenos Aires, São Paulo, Nova York, Roma e Paris. [N.T.]

andar apoiado sobre as patas traseiras e depois se denominar "*Homo sapiens*".[2] Como um fato – se é que se trata de um – se oferece a nós que estamos observando a pessoa? Além das evidências dadas por nossos sentidos, há uma evidência que é trazida a nós não pela nossa visão, mas pelo nosso *insight*. Trata-se de mais uma "ficção". Então, quero introduzir – emprestada de Kant – a ideia de *conjectura racional*. Também quero acrescentar a essa ideia a *conjectura imaginativa*.

Quando esperamos que um padrão surja, podemos também estar sensíveis a nossas conjecturas imaginativas e racionais, como parte do padrão que talvez se torne mais claro, alcançando determinado ponto que pode ser traduzido em palavras, que, por sua vez, podem ser comunicadas a pacientes.

Pergunta. Vou colocar minha questão em forma de fábula. Um cientista tinha um peixinho dentro de um aquário. Um dia, o peixinho pulou para fora do aquário e o cientista observou que podia sobreviver por cinco minutos. No dia seguinte, o peixinho repetiu o feito, sendo capaz de sobreviver por dez minutos. Chegou um dia em que o peixe foi capaz de sobreviver fora da água, acompanhando o cientista ao cinema, teatro, todos os lugares. Certo dia, ocorreu uma tempestade e, quando o cientista saiu com o peixe à rua, ele caiu em uma pequena poça e se afogou. Moral da fábula: é muito perigoso aprender coisas novas e se esquecer do que já havia aprendido. Usando esse modelo, quais poderiam ser as implicações na relação analista/paciente, no caso de um analista, ao

---

[2] No século XXI, ou seja, duas décadas depois do falecimento de Bion, taxonomistas e biólogos decidiram que há duas subespécies de *Homo sapiens* (homem sábio): *Homo sapiens sapiens* e *Homo sapiens neanderthalensis*. A diferenciação já havia sido proposta, e Bion a incluiu, ainda que de modo implícito, em *Uma memória do futuro*, (São Paulo: Martins Fontes, 1988, v. I; Londres: Karnac, 1992. Publicada originalmente em 1975). [N.T.]

se aprofundar em situações desconhecidas, o "incognoscível", perder-se catastroficamente, destruindo uma situação terapêutica?

B. Quando um paciente chega ao consultório, qual animal aparece? O cientista? Ou uma dessas criaturinhas sobre a qual acabamos de ouvir? Com quem vamos conversar? Muitos pacientes já estão familiarizados com uma experiência kleiniana quando foram crianças; entretanto, nada podiam contar, para ninguém, qual era essa experiência, pois não haviam aprendido a linguagem necessária para fazer interpretações, diagnósticos, comunicações verbais. Depois de muitos anos, adquirem um vocabulário considerável, mas aí já esqueceram o que queriam dizer, porque ficam longe de se comunicar com qualquer outra pessoa como faziam quando haviam sido fetos a termo ou anfíbios, ou mesmo quando levavam uma existência piscosa, cercados de fluido amniótico.

Há duas pessoas no consultório, ambas em um estado de mente peculiar – o estado de mente no qual estamos quando acordados, munidos de todos os nossos sentidos. Estado de mente diferente daquele que ocorre quando estamos adormecidos. Também estamos em estados de mente diferentes quando nos movemos na direção de um fluido gasoso daquele meio aquoso em que estivemos antes de nascer. Acho que todos vocês já viram um bebê ser colocado sobre um penico; seu traseiro parece saber o que se espera dele. No entanto, psiquiatras me disseram que isso não pode ocorrer, pois fibras de bebês ainda não ficaram mielinizadas. Portanto, observo um fato impossível; esse é o problema com os fatos – são todos, impossíveis. Se escrevemos a verdadeira história de nossa vidas, desde a época em que nascemos até o tempo atual, nesta sala, e se falamos que há uma porção de pessoas fazendo essa mesma jornada nesta sala, em São Paulo, no dia 3 de abril de 1978, ninguém vai acreditar – todo mundo vai saber que é tudo tão impossível que não vale a pena ficar lendo tantos disparates. De modo semelhante ocorre com o bebê e suas fibras não mielinizadas – o que ou quem disse a ele o que fazer quando tiver um penico sob seu traseiro? É claro, o bebê – permitindo-me a mais imaginações – pode tomar a decisão de querer manter seus produtos para si mesmo, e um indivíduo cujas fibras estavam totalmente mielinizadas pode se angustiar porque o bebê está constipado. Então, como lidamos com essa situação envolvendo o cientista treinado, mielinizado, e o pequeno animal não científico e não mielinizado que acabou de aparecer?

Penso ser nosso dever considerar se vale a pena discutir sobre isso que estou lhes falando. Que diferença faz se o paciente teve essas experiências pré-natais? O que importa se o paciente que veio a nosso consultório, como um ser humano crescido e maduro, mostrando sinais frente aos quais nos inclinamos a crer que expressam terror e medo de certo tipo que podem ser descritos como medo "subtalâmico"? Em termos da "grade", elementos beta e alfa, fatos físicos. Como psicanalistas, isso tem alguma coisa a ver conosco? Existe algum sentido estar sensível a fatos indistinguíveis de conjecturas imaginativas? Se o paciente é capaz de ter ansiedade, expressa-se dizendo: "Doutor, tenho medo de estar ficando louco". Pensamos: algo está rompendo, interferindo e interrompendo o processo de pensamento verbal articulado dessa pessoa; podemos dizer algo a esse indivíduo articulado que se infiltra pelo mesmo caminho pelo qual flutuava sua frase, expressando-se por ideias articuladas e aparentemente racionais?

Referindo-me à fabula que acabamos de ouvir: com que animal devemos conversar? Com qual linguagem? Que linguagem falamos quando um cão persegue um gato subindo uma árvore? Português? Francês? Ou inglês? Por que pensamos que o animal entendeu? Por que pensamos que o animal vai parar de subir na árvore atrás do gato? Podemos falar com o paciente em alguma linguagem que pode ser compreendida como queremos? Se isso é algo primitivo – como em um estado de pânico, lembrando outra vez do deus Pan, das adrenais e das comunicações telefônicas autonômicas e simpáticas –, qual linguagem falada por nós pode ser entendida pelas adrenais, fazendo-as parar de fugir do inimigo ou de se atirar enlouquecidamente contra esse mesmo inimigo?

Há áreas, como o núcleo caudado, o quiasma óptico, onde se cruzam os fios conectores. Se pudéssemos falar com a área que tem a sua disposição os hemisférios cerebrais e a informação oferecida pelas fibras simpáticas e parassimpáticas, a comunicação poderia viajar em ambas as direções – para as "esferas cerebrais" e para a "origem".

Segunda

Bion. Vou continuar de onde paramos, considerando o problema de fornecer uma interpretação endereçada a um aspecto específico do enunciado feito pelo paciente. Ouvimos o enunciado, mas também observamos aquilo que consideramos como a personalidade. Não sei como podemos satisfazer um cientista que pergunta: "O que é uma personalidade?". *Não* vai ser muito satisfatório procurar a palavra em um dicionário.

Recordei-me agora de um paciente de fala fácil e livre; disse jamais ter sonhado e que nunca tivera imaginação. Mês a mês, veio a todas as sessões, jamais falhou. Nunca teve uma doença, nunca pegou um resfriado. Pareceu ter tido alguma dificuldade quando foi ao divã, fato que pouco me preocupou, pois parecia apenas uma questão de ajuste das roupas e busca por uma posição confortável. No entanto, após três meses, comecei a pensar o quão peculiar era tal situação. O paciente deitava-se em posição levemente incômoda; deitava-se totalmente reto e aí levantava sua cabeça, como se estivesse lutando contra algum tipo de oposição; tentava ver seus pés. Fez isso umas três ou quatro vezes. Não tive a menor ideia do que o paciente fazia; nenhuma forma de dizer para mim mesmo o que seria esse movimento peculiar.

O paciente cooperava tanto, era tão racional; mantinha-me muito bem informado. Falou que só dormia uma hora ou duas à noite, trabalhando por cerca de dezesseis horas, todos os dias, sete dias por semana. Não houve queixas quando fiz uma interrupção nem nos fins de semana; nenhuma perturbação, nenhuma depressão – com outros pacientes, acostumei-me com algum tipo de reação frente *às* minhas interrupções.

Pensei: preciso modificar meu vértice, pois não estava conseguindo ver praticamente nada daquele ponto no qual me encontrava para observá-lo. Ao fazer isso, ocorreu-me que sua posição precisa e exata no divã poderia ser compreensível caso estivesse à beira de um precipício. Sua postura começou a parecer-me uma atitude cataléptica. Realmente, toda a análise começou parecer um ritual compulsivo – a uma mesma hora, um mesmo comportamento, nenhum desvio daquela posição. Quanto mais o via, mais pensava que não havia nenhuma comunicação comum e que minhas interpretações se encaixavam em um padrão determinado pelo paciente. Fiquei pensando qual seria meu diagnóstico psiquiátrico. O mais próximo que pude chegar foi que situação geral em meu consultório, com aquela pessoa, era uma *folie à deux*,[1] e que eu estava desempenhando um papel nela. A partir daí, comecei a observar e a ouvir o comportamento dessas duas pessoas, uma das quais eu mesmo. Continuei a observar e ouvir essa conversa peculiar. "Associações livres" e interpretações

---

1 A psiquiatria francesa era mundializada nos primeiros três quartos do século XX: "loucura a dois" era entidade diagnóstica reconhecida, inclusive pela psiquiatria praticada em países anglo-saxões. Na história das ideias da psiquiatria, pode ser colocada como percepção ancestral daquilo que, posteriormente, foi descrito como projeção, por Freud, e como identificação projetiva (uma expansão), por Klein. [N.T.]

encaixavam-se maravilhosamente. Podíamos chamar esse tipo de evento de casamento de duas mentes, mas havia algo errado nessa história toda. Não podia ser considerada homossexual nem heterossexual. A rigor, era impossível considerá-la como sexual – caso o termo "sexual" signifique o mesmo que significa em botânica, fisiologia ou no que denomino psicanálise.

Consegui efetuar alguma mudança, porque, à medida que esse padrão se tornou claro, pude esclarecê-lo ao paciente. Descobri algumas formulações que lhe tornaram compreensível o fato de que eu havia me separado dele. A partir desse momento, pareceu existir tal relação entre esse mesmo paciente e alguma outra pessoa. Interpretei que havia sido capaz de tornar proveitosa sua própria deficiência, fazendo-o capaz de recrutar a cooperação de algum outro membro do público com quem mantinha relações sociais. Depois de certo tempo, nova mudança: recaiu em ter o mesmo tipo de relação com seu próprio *self*[2] – então, interpretei tal recaída. No entanto, fiquei tentando saber o que seria esse "*self*", o "consigo mesmo". O que significa isso – com o *self* dele, com o *self* dela, com o meu *self*?[3] Achei insatisfatório falar sobre seu "corpo" e sua "mente", porque essas duas palavras possuem ampla aura de significados. O "corpo" é uma coisa que levamos a nossos médicos; não nos importamos com a mente. Realmente, se alguém falasse sobre a "mente" desse paciente, estaria falando sobre uma ficção insuportável, como falar sobre Deus para um ateu. O paciente escutava os barulhos que eu fazia, mas tais barulhos ficavam isentos de conteúdo.

Tentando fornecer-lhe uma localização, falei sobre seus "sentimentos" e o tipo de coisa que ele fazia "lá em cima", na sua própria

---

2 Uma versão literal que não utiliza o anglicismo *é* "consigo mesmo". [N.T.]
3 No original, "*him Self, her Self, my Self*". Uma versão literal pode ser "consigo mesmo, com ela mesma, comigo mesmo". [N.T.]

cabeça. Ficou claro para mim que o paciente não entendeu o que eu quis dizer – ou pensou que isso, de qualquer forma, era apenas algo destituído de qualquer sentido. Sendo um homem polido, não falou desse modo – simplesmente ignorou qualquer referência ao "lá em cima" ou "lá embaixo". Ao perceber isso, voltei a falar sobre o seu *self*, sobre "ele mesmo", sobre estar "consigo mesmo", da seguinte forma: "Agora o senhor fala como se o seu *self* ou como se o senhor mesmo estivesse localizado em seu baço". Poderia ter dito, em outras vezes, que ele mesmo estava localizado em suas próprias adrenais, mas não precisei, pois falava sobre algumas pessoas terem "fugido" dele ou sobre pessoas "muito agressivas". Fui capaz de dizer: "Esta pessoa que o senhor diz que foge e esta pessoa que diz ser muito agressiva são a mesma pessoa. Penso que sejam seu *self*, o senhor mesmo". Essa mobilidade peculiar tornou-se cada vez mais pronunciada; tive de ficar correndo atrás do *self* desse paciente naquilo que pareciam ser suas várias áreas anatômicas.

Tornou-se evidente que o próprio *self* não estava dentro dos limites daquilo que eu denominaria seu corpo. *Tive* de estender minhas interpretações, abarcando uma área com fronteiras diferentes – realmente, não havia *nenhuma* fronteira. Para conseguir expressar isso, tomo emprestado o termo "infinito". Isso me lembrou das palavras de Milton, que expressaram muito bem tal situação: "Resgatado do infinito vazio e desprovido de forma". Ele falou também de ter sido "longamente detido naquele obscuro estadiamento",[4] sobre escuridão interna e externa, meia escuridão, "até obter reascens*ão*, ainda que rara e difícil". É uma boa descrição desse paciente, como se tivesse descido para dentro daquilo que psicanalistas chamam de "inconsciente" e lá permanecido por longo tempo – "longamente detido naquele obscuro estadiamento", "até obter reascensão". No entanto, quando esse paciente

---

4 As citações são de *Paraíso perdido*, de John Milton (1608-1674). [N.T.]

reascendeu, em vez de emergir em domínios de luz, encontrou-se, em sua concepção, cego.

Por muito tempo, fiquei encafifado com uma interpretação de Melanie Klein, dirigida para minha pessoa: "O senhor sente-se mutilado, castrado, conforme emerge do útero". Soou-me completamente sem sentido. Nessa época, também atendia um paciente; pensei que podia tentar dar-lhe a mesma interpretação. Parecia haver alguma verdade nisso, entre nós dois; parecia que nascer era uma experiência perigosa na qual a mãe, ou a genitália da mãe, mutilava o bebê. Experiências posteriores, ao longo dos anos, fizeram-me sentir que algo assim também era verdade nos vários renascimentos que, seria possível dizer, ocorreram entre a época na qual nascemos – no sentido obstétrico – e a época de nossa morte. Isso inclui a época em que emergimos de um estado de mente a outro.

E sobre o acordar? Atualmente, estamos em um estado de mente em que temos atividade em nosso aparato sensorial – no sentido neurológico. Entretanto, não sabemos o que fazemos, o que vemos nem aonde vamos quando estamos em um estado de mente específico de quando adormecemos As pessoas falam com facilidade sobre "ter sonhado na noite passada"; o difícil é assinalar a elas que alguém pode perguntar: "Como sabia que era um sonho?". O paciente sobre o qual lhes falei estava certo – ele não sonhava. De acordo com a maioria de nós, quando esse paciente estava na cama, adormecido, ia a lugares e via coisas, como fazia quando estava acordado. Mas sonhar? Não. Isso é o tipo de coisa feita por pessoas que sonham, que não vão para a cama e "apenas" dormem; mas não assim para pessoas como meu paciente. Pessoas como ele não ficam doentes; não têm sonhos. Entretanto, tal pessoa também é extremamente inteligente, aprende a espécie de linguagem que eu falo, dizendo, "tive um sonho na noite passada", contando então uma história que me soa como um fato totalmente comum. Quando o paciente diz ter sonhado, conhecendo fulano de tal, e que ficou muito contrariado com tal pessoa, realmente fez isso. Eu sabia disso, porque ouvira a mesma história da pessoa com quem ele havia "sonhado", que também fazia análise comigo.

Que língua deveria ter falado com esse paciente? Se conhecesse a língua, o que deveria falar? É claro que a língua que o paciente falava era extremamente precisa; eu podia confiar nas suas afirmações com a mesma facilidade com que podia confiar em sua vinda ao consultório com tal precisão que eu podia ajustar meu relógio segundo a hora de sua chegada. Não havia dúvida sobre ele estar atrasado – meu relógio podia adiantar ou atrasar, mas ele não. Não sei sob que relógio ele estava, mas sempre estava certo. Na verdade, não posso dizer nada sobre como analisar o paciente, mas espero que vocês possam me dizer algo.

Pergunta. Qual é a relação entre memória e intuição, de um lado, e seu conceito de pensamentos sem um pensador, de outro?

B. Tomando o primeiro ponto: imaginamos uma situação na qual se reúne certo número de pessoas, como aqui, em que ocorrem pensamentos ao léu, flutuando, tentando encontrar uma mente para se alojar. Nós, enquanto indivíduos, podemos captar um desses pensamentos selvagens sem ser muito específicos sobre a qual etnia ou categoria pertencem, seja memória ou intuição, seja estranho ou selvagem, para dar-lhe um lar e então permitir que escapem pela boca – em outros termos, fazê-lo nascer? Colocando em outros termos, podemos apanhar o gérmen de uma ideia, plantá-lo em local onde possa começar a se desenvolver, até que a ideia esteja suficientemente madura para nascer? Não somos obrigados a expelir imediatamente o pensamento selvagem ou gérmen de uma ideia até pensarmos que podem ser viáveis, caso se torne público. Quando tornamos uma ideia pública, podemos dar uma olhada nela, decidindo se a chamaremos memória, intuição, predição, afirmação profética ou mesmo gérmen doente.

Se estamos analisando uma criança, podemos dizer: "Vejo que você trouxe seu bebê" – pode ser uma bonequinha ou um pedaço de pano. Se uma criança diz "Não tive um nenê; não posso ter um bebê", então dizemos "Talvez o bebê ainda não tenha nascido". Isso pode ser o gérmen de uma ideia ou o gérmen de uma criança ainda não nascida, a criança que ainda não aconteceu.

Pais dizem: "Por que vocês, crianças, não conseguem brincar direito? Por que passam o tempo todo brigando, lutando?". As crianças, no entanto, não sabem por que brigam; teriam de ser profetas para saber. O mesmo ocorre com um pensamento sem um pensador, o pensamento que está à procura de alguém em quem "pode ser pensado"; ou, do nosso ponto de vista, enquanto indivíduos, o pensamento selvagem que permanece no ar, mas que até agora ninguém ousou pensar, pois todo mundo ficou com medo de que alguém pergunte: "Por que está brincando com essa ideia suja? Por que brincar com esses pensamentos horríveis? Vocês deveriam ser bonzinhos – uma boa menina, um bom rapaz, um bom psicanalista". É difícil manter o direito de ser um psicanalista horrível, que tem pensamentos horríveis e que está muito propenso a dar um lar a pensamentos mais horríveis ainda. Sugiro que façamos isso com um desses pensamentos selvagens, mesmo que sejam chamados de sujos, horríveis, psicóticos, banais ou ordinários.

Não faltam termos abusivos para a ideia. Apesar de tudo, podemos chamá-la de "Narciso". Pode ficar se admirando em um espelho ou na água. Mas "*Fluctuat nec mergitur*" – não deixe que um pequeno Narciso caia na água, onde admire suas características e se afogue. Quando temos uma dessas ideias selvagens ou um desses gérmens de uma ideia selvagem, precisamos ter a coragem de protegê-las de pessoas que queiram dispor delas ou enviá-las a um hospital psiquiátrico – é claro que pelas melhores razões. É muito melhor trancar Solzhenitzyn onde ele seria melhor observado e cuidado em vez de deixá-lo por aí sendo selvagem. Então, tanto faz se nosso filho seja chamado Narciso ou Solzhenitzyn, precisamos estar capacitados para cuidar dele – caso contrário, outros vão cuidar dele por nós.

Alguém mais tem outro pensamento selvagem?

P. Usando sua ilustração de dois exércitos em batalha (que não revelam nada conhecido e, portanto, mantêm a tensão do desconhecimento) como um modelo do trabalho psicanalítico, até que ponto a psicanálise pode causar "doença", da mesma forma que soldados podem ficar loucos durante a guerra?

B. Existe sempre uma chance de haver uma confraternização entre exércitos adversários, sob a força de se estar compartilhando a emoção do terror. Em relação ao indivíduo, lembro-me de um de meus homens, um jovem amigo, lá pelos seus 19 anos, que começou a sorrir de um modo extremamente irritante. Um oficial – que não era de carreira militar, mas convocado – quis puni-lo por um crime denominado "insolência muda". O sorriso era particularmente irritante, no sentido de que os neurologistas falam sobre um nervo irritado e também no sentido de que, socialmente, falamos a respeito de estarmos irritados. A questão era: quem havia ficado maluco? Quem era insano? Quem não tinha saúde? Nós que continuamos lutando? Ou esse rapaz que teve um colapso psicótico? Teria sido uma crise de bom senso, ao passo que o restante de nós continuava com sua psicose compartilhada, nosso contínuo casamento assassino com o inimigo? Milhares de pessoas ficaram aterrorizadas com a possibilidade de virem a ter um colapso; na força aérea, as tripulações receavam que a única coisa que tinham de fazer para serem mortos era prosseguir participando de missões de combate por tempo suficiente. Seja lá como for, é perigoso ficar voando por aí; é insano ficar voando, quando há pessoas disparando armas contra você. Do que tinham medo esses pilotos dos aviões de caça? De ficar doentes? Ou de ficarem sãos? Até hoje, parece que somos capazes de ter uma psicose de massa, na qual todos ficamos de acordo em sair por aí em disciplinadas e organizadas gangues de assassinos, dedicados à destruição de pessoas que vestem roupas diferentes. Às vezes, nem mesmo nos preocupamos com o uniforme, pois podemos dizer "Sou negro, ele é branco; portanto, ele está errado". Ou "Sou branco, ele é negro; portanto, ele está errado". A cor de nossas peles nos salva da confusão que é ir além da superfície. E, mesmo assim, *nós* ficamos viciados em respeitar o indivíduo; tratamos os indivíduos como se importassem. De muitas maneiras diferentes, nós nos comportamos como se fosse uma coisa boa ajudar um indivíduo para que tenha suas próprias ideias. Infelizmente, nossa dedicação a esse ideal parece ser frágil; enquanto estamos nos dedicando aos direitos de um indivíduo que tem suas próprias ideias e pensamentos, antes que saibamos o que aconteceu, nós nos tornamos "kleinianos" ou...

Intérprete. Gostaria de saber o que significa "kleiniano".

B. O senhor é um otimista. Mesmo a senhora Klein não sabia o que isso significava – protestava quando era chamada de "uma kleiniana". Só que, como lhe disse Betty Joseph: "A senhora chegou tarde – goste ou não goste, tornou-se kleiniana". Não havia nada que pudesse fazer a respeito. Então, ainda que aspiremos respeitar o indivíduo, o fanatismo novamente mostra sua cara feia. Embora, pessoalmente, tenho a aspiração de respeitar os indivíduos, não me surpreendo mais quando descubro estar fanático a respeito de alguma coisa.

P. Por que certos pacientes sempre tentam manter as coisas do jeito que estão – não querem se curar, não têm fé em melhorar, preferem a doença. O que as faz evitar ficarem melhores?

B. Depende de quem fala que isso ou aquilo "é melhor". Como disse anteriormente, problemas começaram quando um quadrúpede se apoiou nas suas patas traseiras e andou sobre dois pés em vez de quatro. Não é necessário apenas ser um atleta muito capaz para se equilibrar em dois pés em vez de quatro; imaginem a dificuldade quando nosso sistema nervoso desenvolveu os hemisférios cerebrais; quando nosso corpo, então um alegre dinossauro, de repente começou a se transformar em um mamífero, e então o pobre mamífero começou a desenvolver uma mente. É nesse ponto que nos encontramos. Parece que temos mentes; então nossas mentes produzem obras-primas que incomodam. Não surpreende que odiemos pensar e que odiemos qualquer coisa que nos faça pensar.

É claro que devíamos pensar direito, mas onde fazemos nossos pensamentos? Lá em cima, na cabeça? Ou lá em baixo, nos nossos dois pés que têm de ficar andando? Ou na nossa genitália? No diafragma? Ou em algum lugar na nossa hipocondria? Não gostamos de hipocondríacos, mas suponha que, para pensarmos, devemos ter a cooperação dos nossos hipocondríacos. Às vezes, parece que temos de compor nosso pensar com algo muito fino, como um diafragma. Ficar equilibrado na borda de um diafragma é ainda mais difícil do que ficar deitado à beira de um precipício – ou de um divã. Existe a probabilidade de cairmos no chão – ou de cairmos do outro lado, ficando bem confortável. Algumas pessoas preferem a borda – ficam aterrorizadas em estar bem, ficam com medo de estar confortáveis. Podemos até dizer: "Longamente detido naquele obscuro estadiamento de meia escuridão e escuridão externa".

Este é o problema: pensar é um desenvolvimento não bem-vindo, porque pode nos deixar mais confortáveis e pode nos deixar desconfortáveis. É difícil saber o que fazer com a capacidade para pensar.

Terceira

Bion. Antes de começar a ventilar outros pontos de vista, talvez queiram levantar tópicos que achem necessários fazer uma exploração mais profunda.

Pergunta. Como um observador pode dizer que outra pessoa está pensando pensamentos ou não está?

P. Dr. Bion, o senhor descreveu como mudou de vértice para melhorar o entendimento que ocorria com um paciente. Gostaria que o senhor falasse mais sobre isso.

P. O objetivo é se aproximar mais da verdade. Até que ponto o senhor considera a loucura como sendo a única maneira de se aproximar da realidade?

P. Gostaria que o senhor falasse mais sobre conjecturas racionais e conjecturas imaginativas.

P. Gostaria que o senhor falasse sobre a comunicação específica dentro de uma análise. E também da diferença entre a conversa psicanalítica e outros tipos de conversa.

B. Tentarei abordar primeiro a questão profunda: conseguir conhecer a verdade. Tomando um exemplo simples: uma criança vê algo que deseja; descobre que está fora de alcance. Engatinha em direção a esse algo desejado. Difícil dizer o que a criança está pensando: pode não ter aprendido a usar seus próprios métodos de comunicação. Descobre que engatinhar até objeto é trabalho muito duro. Não sei como aprende a usar a "musculatura voluntária", como a denominamos; já constitui uma atividade complexa. Envolve o uso dos olhos; envolve a ativação de uma ambição de alcançar coisas fora de alcance. Respondendo à questão – como sabemos que a criança está pensando pensamentos? –, temos de apelar para uma conjectura imaginativa. Não podemos perguntar à criança; não há como pensarmos sobre o que a criança está pensando. Mas se um bebê começa a engatinhar em direção a uma fogueira, pois as chamas parecem-lhe tão bonitas, então uma conjectura imaginativa pode tornar-se uma conjectura racional – ainda não sabemos o que o bebê tenta fazer, mas podemos pensar que deseja pegar um bom pedaço daquelas brasas tão bonitas. Um observador – mãe, pai ou babá – começa a sentir algum grau de alarme, aprontando-se para impedir que a criancinha tente tocar as brasas. À medida que a criança realiza mais algumas etapas no processo de aproximação ao fogo, o observador traduz suas conjecturas racionais em algum tipo de probabilidade, preparando-se para fazer movimentos musculares com o intuito de interpor-se entre o bebê e o fogo. No meio-tempo, o bebê pode ficar cansado, pode perder sustentação, batendo com a cabeça no chão, sentindo que o chão o machucou. Não sei como aconteceu, mas o bebê lança mão de suas cordas vocais, dando um grito. Qual *é* a interpretação desse grito? Parece ser tão indiferenciado quanto o soar da buzina de um automóvel. Quando andamos, ou dirigindo automóveis, precisamos traduzir o soar daquela buzina; temos de decidir para qual endereço vamos nos dirigir, então temos de nos decidir se vamos fazer algo a respeito ou se não vamos. Voltando ao bebê: não creio que a mãe tenha de passar longamente por uma obscura série de pensamentos; se tiver capacidade de cuidar de uma criança, vai pegá-la e ajudá-la, pois agora a criança se machucou. Vai ser o fim do mundo, no dia em que mães precisarem fazer uma psicanálise antes de poderem pegar e beijar seus filhos. Talvez esse dia acabe mesmo chegando. Enquanto isso, espero que possamos ser saudáveis, suficientemente naturais, para ir direto ao ponto.

Muita coisa pode acontecer entre a época em que um bebê começa a engatinhar e a época em que o bebê dirige um carro e ouve, ou interpreta, ou toca uma buzina. Isso levanta outra série de questões: que idade tem um bebê quando aprende a gritar? Qual é a idade de um adulto ao dirigir um automóvel? São questões importantes, porque a capacidade de dirigir um carro é uma proeza técnica; é mais fácil de ser adquirida e desenvolvida mais rápido do que sabedoria. Em contrapartida, um bebê pode ser mais sábio do que um adulto, especialmente um adulto tão equipado tecnicamente que tem de passar por todos esses processos analíticos antes de se decidir se intervém no engatinhar do bebê na direção da uma fogueira. Seriam esses testes adequados para responder o problema de que determinada pessoa seja suficientemente sábia para consiga dirigir um veículo? Ocorrem acidentes trágicos: a criança é atleticamente capaz de andar sobre uma bicicleta; pode fazer isso tão logo tenha uma chance de fugir às proibições dos pais. Só que a criança ainda não tem sabedoria suficiente para saber que aquele passeiozinho de bicicleta pode mudar completamente sua vida; ela pode eventualmente cair e ficar muito ferida ou tragicamente morrer. Como os pais podem oferece à criança a sabedoria que obtiveram?

P. Existe uma história, que utilizo à guisa de analogia, sobre um grupo de pessoas em expedição à selva amazônica e que se perdeu. Um dos integrantes, de tão assustado, atirou um morteiro contra a densa vegetação. Enormes pedaços de madeira, em consequência, despencaram, matando alguns do grupo. O acidente também abriu um enorme buraco, tonando possível usá-lo para criar sinais de fumaça, logo enviados em busca de socorro. A analogia que quero fazer é sobre a abertura de novos caminhos por meio de um ato descuidado de destruição e do risco de usar o pensamento para propagar o não pensamento.

B. Atualmente, não é apenas o mundo vegetal que ficou superpopuloso, mas também o mundo animal. Para obter espaços, podemos empregar algum método efetivo, mas de alguma forma indiscriminado de limpeza, um que não faria discriminação maior do que um berro proveniente de uma criança ou o soar de uma buzina por algum motorista, mas muito mais poderoso – uma bomba atômica, ou uma bomba atômica "nova e melhorada": uma bomba de nêutrons. Pode dar uma boa limpada na área para novas formas de vida. Desse modo, o animal humano é agora capaz de ficar livre de si mesmo, deixando lugar para alguma forma melhorada de vida que talvez seria impérvia para aquilo que, para nós, se constituem como raios letais.[1]

B. Alguém deixou cair uma bomba verbal! Até o momento, só nos fez começar a pensar; esperamos que seja menos letal que uma bomba de nêutrons. Possivelmente, a intervenção de uma ação retardadora do pensamento entre o impulso e a ação imediata pode produzir tempo suficiente para outros pensamentos. De outra forma, os primeiros pensamentos seriam suficientes. Há o seguinte dito nos apócrifos – Eclesiásticos: "A sabedoria do erudito lhe vem na oportunidade do descanso".[2] No entanto, a pessoa precisa

---

[1] Seguiu-se uma discussão a respeito de versões em português para o termo "*impervious*". [N.E.]

[2] Eclesiásticos, 38:25: "A sabedoria do erudito lhe vem na oportunidade do descanso. Aquele que pouco se agita adquirirá sabedoria". O tema, abrangendo

aprender primeiro e só então tem tranquilidade para que possa se tornar sábio. O problema é que eruditos podem produzir e aperfeiçoar bombas de nêutrons com maior rapidez do que se pode providenciar um descanso para pensar. Outra questão, ocorrendo com demasiada frequência, é que se age primeiro e se arrepende durante o descanso.

P. Gostaria de sugerir um modelo. Um geólogo saiu com seu cachorro para procurar rochas. Tentou se livrar da memória de coisas passadas para alcançar novos conhecimentos. Acabou se perdendo e ficou com muita fome; matou o cachorro para se alimentar. Ao ver os ossos espalhados pelo chão, passou a se lamentar: "Que pena, meu cachorro não está aqui para comer tudo isso". A moral é um dos ditados de Santo Agostinho: "A fim de se cultivar o espírito e a razão, é necessário antes de mais nada cultivar necessidades do corpo". Esse modelo se refere a eventos que ocorrem entre um paciente e seu analista; o que é essa situação catastrófica entre o geólogo e seu cão em expedição para explorar o desconhecido?

B. Santo Agostinho tinha boas razões para saber que o grande Império Romano havia acabado. Restou apenas os ossos dos mártires. Ele propôs que se erigisse a Cidade de Deus no lugar do Império Romano destruído. Hoje, podemos ter uma ideia do ponto que alcançamos nessa história. Podemos ouvir essa conjectura imaginativa – a fábula – e compará-la com o local aonde chegamos nessa história. Podemos dizer que a fábula se transformou em história; e a história é um cortejo do qual nós mesmos agora estamos participando.

Gostaria de me estender na resposta à questão sobre o vértice. Tomo esse termo emprestado da matemática; no entanto, há uma dificuldade em tomá-lo de empréstimo, usando-o com objetivo

---

área mais geral, também é abordado em 4:6: "Melhor é um punhado de descanso do que ambas as mãos cheias de trabalho e correr atrás do vento". [N.T.]

diferente em relação ao qual foi criado. Faço isso não por querer tornar as coisas mais difíceis, mas porque o significado atualmente disponível das palavras tende a criar dificuldade quando as usamos de uma nova maneira e em um novo contexto. Não há nada de novo em relação a essa dificuldade.

Por exemplo, Euclides elaborou a geometria, que foi útil, por mais de dois milênios. Só que a geometria euclidiana incorre em certos erros quando pensamos na questão das linhas paralelas. Se pudéssemos andar ao longo dessas linhas paralelas, chegando gradualmente ao fim delas, nós as veríamos bem separadas. Se nos viramos e olhamos na direção do ponto de onde partimos, descobrimos que as linhas paralelas se juntaram atrás de nós: semelhante ao que ocorre se sobrevivemos tempo suficiente; problemas que pareciam resolvidos tornam-se não resolvidos, pois mudamos; portanto, todas as relações que fizemos mudaram. Com um ano de idade, nossa relação com nosso lar é diversa daquela que temos quando alcançamos dois, ou três anos. Não estou falando de A ou B, mas da *relação entre* A e B, a parte intermediária, o que quer que fique no lugar do cordão umbilical, o que o conecte com seus pais, com os pais de nossos pais e com todos os objetos com os quais tem um relacionamento. Se Euclides pudesse retornar hoje, poderia querer saber o que é geometria algébrica projetiva. Poderia ter dificuldades com essa geometria, pois não haveria qualquer imagem pictórica, não haveria círculos nem linhas. Será que alguém poderia dizer que a geometria algébrica é superior à geometria euclidiana? Não há conflito real; a geometria algébrica estava implícita na geometria euclidiana. Aquilo que estava *implícito* passou agora a ficar *explícito*. Então, por conta do tempo, Euclides poderia não reconhecer sua obra.

Seria útil, se fôssemos suficientemente flexíveis para modificarmos nosso vértice, de tal modo que pudéssemos olhar para nós mesmos. De acordo com Keats,[3] Cortez podia ficar "em silêncio no topo de um pico em Darien", fazendo uma "inferência bravia" – um pensamento selvagem –, uma conjectura imaginativa, vendo o mundo que ele havia descoberto e como se parece hoje, – ou seja, presumindo que Cortez fosse suficientemente flexível. Podemos fazer algo para manter nossos músculos mentais em bom estado? Com esse objetivo, seria útil ter uma "grade" (*grid*) na qual pudéssemos nos alcançar mentalmente. Se pudéssemos virar a "grade", as distâncias entre as linhas poderiam tornar-se gradualmente menores – a "grade" pode ser transformada em uma "grelha" (*grating*).

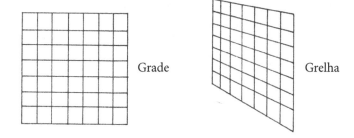

Grade   Grelha

Colocando de outro modo: a descrição de óptica feita por Newton pode ser considerada em termos de comprimento de onda; a diferença entre o clímax de uma onda e o clímax da próxima é bem grande. Entretanto, mediante uma modificação de nosso vértice, podemos tornar tal diferença entre os vários clímaces muito menor; podemos mensurar a distância entre o ultravioleta e o infravermelho, em graduações bem pequenas, em termos de unidades angstrom. Utilizamos determinadas palavras de um modo tosco, como "amor" e "ódio"; cada uma delas pode ser clivada em gradações intermediárias. Por exemplo, um bebê pode amar cores luminosas e alimentos cujo gosto lhe parecem agradável. Ainda na

---

3 Soneto de John Keats: *On first looking into chapman's Homer*, 1816. O pico fica onde hoje é o Panamá. [N.T.]

categoria "amor", um amor adulto pode se tornar passional; amor passional pode se tornar amor "espiritual". Como analista, podemos ver tudo isso em qualquer relação entre o *self* do paciente e o nosso *self*. E o que dizer do pedacinho intermediário? E a respeito do que denominamos uma analogia? Em analogias, os pontos de uma coragem não têm muita importância, mas o pedaço intermediário, sim. Penso que foi essa a direção de Freud quando falou da "transferência"; ele se referia ao pedaço entre o *self* do paciente e o *self* do analista.

Uma transferência é algo transiente, temporário; não é a mesma no começo e no fim da sessão. O começo e o fim da sessão são em uma divisão tosca. Precisamos ser capazes de observar isso por meio da "grelha", cujas divisões não são de cinquenta minutos, cinco minutos, dez minutos ou dez segundos. Quando a questão é chamar a nossa atenção para a relação entre analista e analisando, é necessário que avaliemos qual será a *velocidade*; qual será o tempo; qual será a distância. Um paciente pode chegar dez minutos atrasado; pode querer sair cinco minutos mais cedo: pode olhar para seu relógio e dizer: "Preciso ir – foi uma sessão muito curta". Ele está surpreso; não sabe o que aconteceu com aquela sessão – por que foi tão curta? Ou o paciente não se preocupa em saber que o pensamento desacelera muito entre o impulso e a ação, tem o impulso de sair sem pensar; é muito mais rápido. Tive uma experiência quando estive em Los Angeles e um paciente queria me ver, mas ele estava em Londres, pois havia saído de Los Angeles e ido para Londres sem desperdiçar tempo pensando primeiro – foi direto do impulso para a ação.

Estamos preocupados em respeitar o pensamento, como pensar claro e transmitir aquilo que pensamos. Temos de aprender a pensar de tal modo que tenhamos compreensão sobre o que estamos pensando, mas também devemos traduzir a compreensão de alguma forma para que nossos analisandos e os outros sejam capazes de compreender. Isso é algo que artistas parecem ser capazes de fazer; quando lemos as histórias de Shakespeare, que denominamos "peça", nos lembramos da vida real, não importa a idade que estas histórias têm; quantos artigos psicanalíticos nos relembram pessoas reais? Beethoven era capaz de escrever marcas em um pedaço de papel que algumas pessoas podiam traduzir em sons musicais que nos fazem sentir que sabemos o que Beethoven quis dizer. Leonardo Da Vinci podia fazer um "rabisco" daquilo que via e fazia isso de tal modo que ainda *nós* podemos ver como ele pensava parecer um ser humano; Giotto nos permitiu ver o que ele mesmo pensou ser parecido com Deus. Que tipo de artista podemos ser e que tipo de obra de arte podemos produzir, de tal modo que alguns, dentro de nossa prole, sejam capazes de compreender aquilo que queremos transmitir?

Quarta

Bion. Ocupando determinada posição nas estórias narradas sobre o desenvolvimento da cultura humana, podemos saber um pouco a respeito da história, de onde viemos;[1] se olhamos para trás, podemos saber um pouco da rota que seguimos. Só que é difícil saber que palavra utilizar quando queremos falar sobre "caminho" e "rota" que psicanalistas estão tentando seguir. Há tantas histórias – religião, matemática, economia, civilização –, então como podemos

---

1 Segundo literatos reconhecidos, o termo "estória", para classificar narrativas folclóricas ou ficcionais, precisa ser diferenciado do termo "história", reservável para a disciplina que, como psicanálise, se pretende científica. Correspondem, respectivamente, aos termos na língua inglesa *"story"* e *"history"*, utilizados por Bion na mesma sequência. A consagração pelo uso data, provavelmente, de 1919. Proposta por João Ribeiro, que observou seu uso na linguagem popular pelo menos desde o século XVII, foi reconhecida pelo dicionarista Antônio Houaiss. Autoridades burocráticas governamentais encarregadas de normas gramaticais proibiram seu uso por motivos políticos, pelo menos na educação infantil e no léxico brasileiro oficial. Sem a menor pretensão de entrar nessa polêmicas, pois há defensores capacitados, como João Guimarães Rosa, Mia Couto e Rubem Alves, arguindo e usando o termo "estória", optamos pelo seu uso. [N.T.]

escrever a história da psicanálise? De onde podemos partir? Qual sua origem? Como viemos de lá para cá? É difícil conseguir ver – apelando para um tipo de história genealógica psicanaliticamente orientada – quem são os ancestrais. Podemos supor que o processo seguiria as leis mendelianas; podemos fazer uma distinção entre leis da hereditariedade, que seguem as leis mendelianas, e aquilo que se considera ter características adquiridas, transmissíveis. As leis mendelianas não nos ajudam muito quando consideramos a questão da herança do desenvolvimento psicanalítico.

Há conveniências em se falar sobre uma "Sociedade Brasileira de Psicanálise", a "brasileira" e assim por diante; à primeira vista, pode parecer que isso provavelmente siga leis mendelianas. Mas quando pensamos estar discutindo a mente ou a personalidade ou o caráter, então se torna difícil dizer que leis seguem essa herança. Podemos dizer: quem herdou as ideias de Freud? Obviamente a herança mendeliana é útil – os filhos de Freud e os netos de Freud. Vamos supor, no entanto, que pessoas que não têm nenhuma relação de sangue com Freud têm algo a ver com essa história; como chegaram a ter ideias psicanalíticas? Quem ou o que são essas pessoas? Onde aparecem na história?

Mencionei anteriormente que Euclides poderia não ser capaz de reconhecer enunciados da geometria algébrica projetiva. Se Freud voltasse nos dias de hoje, compreenderia algo do que estamos falando? Reconheceria que nossos enunciados constituem psicanálise? Ou poderia dizer: "Essas pessoas não são meus filhos; são filhos bastardos". Poderia ter de reajustar suas visões sobre sua prole, ou seja, essas teorias e ideias que se espalharam. De fato, o problema começou quando Freud ainda vivia – fez uma reunião com Jung e Stekel, e os três admitiram que Freud era o único que tinha o direito de considerar que psicanálise *era* aquilo que ele havia dito que era. Houve um acordo: Jung denominaria sua escola de "psicologia analítica"; Stekel chamaria a sua de "psicologia individual".[2] Dessa forma, dividiram-se; o que havia começado como sendo "Um" tornou-se "Três". Agora, cada um dos três cindiu-se em muitos – polipsicológico. Podemos dizer: perdemos a pista da linha de herança psicanalítica. Mesmo assim, sentimos que gostaríamos de dizer: "Este é o Caminho; este é o Caminho do qual não devemos nos desviar muito. Devemos permanecer livres para ter nossas próprias ideias e opiniões, mas não vamos nos afastar muito do Caminho".

O Caminho desempenhou parte importante na civilização humana, muito antes de alguém ter ouvido falar daquilo que Freud chamou de psicanálise. Um monge[3] chinês escreveu a respeito do Tao: o Caminho. [Surgem conversas paralelas e risadas estridentes na plateia. Bion prossegue em meio a elas.] Biólogos pensam que somos um desvio, um ramo da herança simiesca.

---

2 Há *duas questões históricas: não se tratou exatamente de uma reunião presencial, mas de um acordo de cavalheiros*. Embora seja uma verdade histórica que Wilhelm Stekel (1868-1940) foi uma das personalidades qualificadas de "dissidente" (por ela mesma e pelo grupo), não há evidência de que tenha cabido a ele a reserva de domínio do termo "psicologia individual". Há a possibilidade de que Bion, no sabor da improvisação, tenha substituído o nome de Alfred Adler (1870-1937), detentor da cunhagem e do privilégio, no acordo de cavalheiros, dessa nomenclatura, pelo de Wilhel Stekel. A dissenção de Stekel com a obra de Freud deu-se primeiro, em comparação com as dissenções de Jung e Adler. O acordo foi registrado por Freud em *História do movimento psicanalítico*, de 1914. Todas as questões assinaladas por Freud continuam válidas. [N.T.]

3 Alguns presentes notaram a incorreção na tradução simultânea, o que interrompeu momentaneamente a conferência. O tradutor enunciou "macaco" (*monkey*) em vez de "monge" (*monk*). Examinando a gravação magnetofônica percebe-se a rápida intervenção de Bion, em meio às risadas do grupo, trazendo os assuntos da herança biológica comum dos seres humanos e dos símios, constituindo-se como aproveitamento construtivo da confusão gerada pelo tradutor simultâneo na hora da palestra. [N.T.]

Fico pensando: será que nossa capacidade de rirmos de nós mesmos encaixa-se nas regras da psicanálise? Está de acordo com as regras o fato de nos divertirmos? E de pensarmos que há coisas divertidas? Seria permissível ter prazer em um encontro psicanalítico? Sugiro que, tendo irrompido nesse assunto revolucionário, de haver diversão no sagrado progresso da psicanálise, podemos também continuar a ver outros lugares aonde um estado mais alegre de mente nos leve.

Pergunta. Estas discussões geralmente focalizam aspectos catastróficos da destrutividade. Gostaria de sugerir outro lado, algo mais leve e feliz. Vou expor algum material clínico que reuni durante a supervisão de um caso de um menininho de 8 anos.

Ele começa a sessão fazendo uma bola de massa de modelar, sugerindo um jogo de futebol – entre um menino e uma menina. Rapidamente abandona esse jogo. Pega uma caixa de lápis de cor, esvazia-a e leva-a aos olhos, dando a impressão de que observava sua analista através de binóculos. A analista diz que, quando ele usa a caixa desse modo, é capaz de vê-la, mesmo quando ela está muito longe, por exemplo, quando ele a procura no clube aos domingos. O menino lhe pergunta que horas são, colocando a caixa sobre a mesa e dizendo: "É um túnel". Coloca a mão através do "túnel", pega a bola de cera e uma bonequinha, acrescentando: "Isto é uma máquina que muda as coisas. Quando ponho a boneca aqui dentro, sai uma garota".

A analista diz: "É como se fosse uma mãe na qual entra um pai e sai um bebê". Depois de ouvir essa interpretação, o menininho continua a brincar com mais entusiasmo com seu "túnel de transformação", dizendo: "Uma xícara entra, uma boneca sai, uma boneca entra, uma xícara sai". A analista repete a mesma interpretação que acabara de fornecer. Desejo chamar a atenção ao "túnel de transformação" que essa criança usa com tanto entusiasmo e alegria durante uma sessão, descobrindo algo novo sem a necessidade de destruição. Notei que nos referimos a um medo de desaparecimento da psicanálise. Será que esse medo nos conduz a uma atitude protetora em relação à psicanálise? Ou será que isso nos causa a atitude de abandonar a psicanálise desprotegida por uma superproteção e, sem dar conta, contribuir para seu desaparecimento pelo ato de sufocá-la?

B. Este é um exemplo impressionante. Queria saber se há mais alguém impressionado, além de mim, antes que eu embarque na cadeia de pensamentos incitados pelo exemplo.

P. No Rio de Janeiro, há duas sociedades psicanalíticas e duas sociedades de grupo. Analistas que pertencem à sociedade psicanalítica pertencem, em geral, à sociedade de grupo; as mesmas pessoas que pertencem a uma pertencem à outra. Então, os problemas que recaem sobre a sociedade psicanalítica são basicamente os mesmos da sociedade de grupo. Por exemplo, em ambas as sociedades se discute a questão da admissão de estudantes não médicos. O grau de envolvimento mais apaixonado nessa discussão se deu em uma reunião da sociedade psicanalítica. Quando se discute o mesmo problema na sociedade de grupo, com as mesmas pessoas presentes, não se alcança o mesmo nível de destrutividade. Repito: são os mesmos membros em ambas as sociedades.

B. Uma das vantagens de um grupo de pessoas – por exemplo, nesta reunião, neste momento – é que frequentemente pode-se ver algo se espraiando; é o mesmo algo que em uma psicanálise individual se vê de modo mais preciso. O próprio Freud pareceu ficar desconcertado por ocasião do Primeiro Congresso Internacional; pensou que todos poderiam ficar unidos. Em vez disso, o que ocorreu? Apareceu aquilo que uma pessoa sentia em relação a outra pessoa. Então, em vez de conduzir a uma união das visões, conduziu a uma grande diversidade das visões.

Uma vez mais, voltou a germinar a estória da Torre de Babel. Parece que, quando pessoas se unem para tomar de assalto a cidadela da mente humana, esfacelam-se, de modo primitivo. Juntam-se para fugir de algo; ou para lutar contra algo. Parece-me ser um exemplo que se espalhou, como se a política do corpo fosse desenvolver algum tipo de atividade adrenal. Alguém pode dizer que, no corpo humano físico, o embrião está começando a germinar as adrenais; as quais, cedo ou tarde, começam a produzir adrenalina. É assim, no entanto, que o grupo humano faz; sejam lá quais forem os produtos científicos produzidos, parecem também produzir grande quantidade de adrenalina. Podemos então detectar reações primitivas, emocionais. O ser humano individual, de acordo com a teoria genética, parece ser produzido pela fusão de gametas, que derivam tanto do homem como da mulher. Mas, como o indivíduo tem um pai *e* uma mãe, não surpreende que tenha tanto características masculinas como femininas.

Vejo que o Rio tem duas sociedades: uma em que as pessoas, ao se agruparem, comportam-se, de algum modo, de forma masculina, ou agressiva; quando as mesmas pessoas se agrupam em outra sociedade, comportam-se de modo passivo.

Será que existem sociedades masculinas e femininas? São compostas das mesmas pessoas, portanto, não é adequado resolver a questão por meio de perguntas a obstetras. Penso que devemos perguntar a psicanalistas – na verdade, a nós mesmos.

Gostaria de enfatizar algo com o qual cruzo constantemente – o pessimismo psicanalítico. Milton, quando ainda não contava nem com 20 anos de idade, protestou contra o que afirmou ser um "naufrágio em uma melancolia edipiana". Penso, às vezes, que os analistas afundam nessa mesma melancolia edipiana. Frequentemente, são tomados de surpresa quando descobrem que existe dor mental. Sentimos que psicanalistas somente aprenderam apenas que existe uma teoria que diz existir dor mental, mas não acreditam na existência dessa dor. Ou acreditam que a psicanálise seja um *método* de lidar com tal dor. Surpreendem-se, então, com o fato de que um paciente "melhora"; não acreditam que essa melhora se dê por conta do trabalho que fazem. O exemplo clínico da criança é importante, por ser lembrete de que pacientes se tornam mais felizes e mais capazes de serem criativos ou construtivos; existem pacientes que mudam de uma situação em que são dominados primitivamente por luta-fuga. Afinal, embriões se desenvolvem; não possuem apenas glândulas adrenais. Outras porções da anatomia se desenvolvem no próprio embrião. A vida, com alguma sorte, não termina no nascimento. O feto a termo continua a crescer após o nascimento. Ainda que possa começar a fugir ou lutar contra seu irmão ou irmã, também começa a crescer, a partir desse estágio. O processo psicanalítico faz muito para auxiliar que esse desenvolvimento ocorra, tanto quanto o trabalho dos pediatras ajuda a manter bebês e criança sadios, de tal modo que possam continuar se desenvolvendo. A psicanálise ajuda o espírito, ou alma, ou superalma, ou ego, ou superego – seja lá o nome que lhes apeteça dar – a continuar. No Teeteto,[4] Platão descreve como Sócrates se intitula como uma espécie de parteira mental. Não vejo por que não possamos reivindicar que haja desenvolvimento mental, ancestrais mentais, um deles sendo o próprio Sócrates. Se assim for, podemos dizer também que somos uma versão moderna de parteira mental; ajudamos a alma, ou psique, a nascer, e a ajudamos também para que continue a se desenvolver depois de nascer. Não devemos nos considerar apenas como historiadores das conquistas passadas

---

4 Este tradutor sugere a leitura de uma das melhores traduções em *língua portuguesa,* realizada por Adriana Manuela Nogueira e Marcelo Boeri, para a Fundação Calouste Gulbekian, de Lisboa, publicada em 2010, com base na versão em inglês de 1995, publicada por E. A. Duke para a Oxford Classical Texts. [N.T.]

da psicanálise. Ainda não estamos mortos. Não há necessidade de gastarmos nosso tempo comparecendo a nossos próprios funerais. Não acho nada interessante ficar rendendo perpétuas graças aos obséquios da psicanálise; gostaria também de comparecer a um de seus muitos renascimentos.

Ainda que não tenhamos o desejo de esquecer homens famosos, que nos seja permitido, por todos os meios, elogiar homens e mulheres famosas de nossa própria época, nossas mães e também nossos pais, porque mesmo nossas mães tiveram algo a ver com nossa geração, de tal modo que, às vezes, podemos fazer alguma referência a elas, mesmo que de passagem. Espero que a sociedade masculina no Rio, por vezes, diga "Como vai?" para a sociedade mais passiva – mesmo que sejam as mesmas pessoas.

P. Gostaria de submeter a sua consideração as observações de um físico, Werner Heisenberg, e de um psicanalista, Luis Chiozza.

Heisenberg afirmou ser impossível calcular a trajetória de um elétron, pois não existe tal trajetória. Na descrição desses fenômenos, é impossível separar o observador do resto da natureza que existe entre o observador e o observado. Isso é chamado de princípio da incerteza.

Chiozza, um psicanalista argentino, baseando-se em *Os instintos e suas vicissitudes*, um dos escritos de Freud a respeito da teoria sexual, concluiu que todo processo físico constitui a matriz somática para impulsos qualitativamente diferenciados. Ao mesmo tempo esses impulsos são inconscientes: "*phantasias* específicas", como Freud as denominou.

Que contribuições curiosas ao pensamento humano! De um lado, temos um físico, que lida com mecanismos objetivos, precisos e racionais, descrevendo um princípio da incerteza; de outro, temos um psicanalista lidando com recursos imprecisos, irracionais e subjetivos, descrevendo uma *phantasia* específica.

B. Muitos atribuem importância àquilo que denominam "verdade". Alguns deles, pintores; outros, músicos. Outros, ainda, matemáticos; e também alguns psicanalistas. Não sei o que Freud entendeu por "método científico"; parece-me que sua ideia básica é trazer verdade. Não me surpreende que algumas dessas pessoas tenham sido pintores importantes; há algo no trabalho delas que nos faz sentir que não estavam tentando nos fazer de tolos; tentavam, ou ainda tentam, nos mostrar a verdade. O mesmo é verdadeiro em relação a alguns escultores, gravando algo que faz uma armadilha com a luz. Às vezes, a armadilha é feita com um fragmento de material que se projeta; às vezes, é com um orifício, dentro do qual a luz penetra diretamente. Se olhamos a luz que caiu na armadilha, podemos ser capazes de ver a verdade que o escultor está tentando demonstrar. Matemáticos criam fórmulas algébricas projetivas; não estão tentando fazer com que a vida fique mais difícil; estão falando a linguagem mais simples e precisa que conhecem. Se nos damos ao trabalho de ouvir aquilo que falam, podemos aprender algo.

Psicanalistas pensam que aquilo que estamos tentando observar fica perturbado por aquilo que somos. Juízes em um fórum, tentando descobrir quem é culpado, descobriram dificuldades em responder a uma questão simples – culpado ou inocente? Heisenberg formulou um princípio de incerteza, com nitidez, mas em sua busca por verdade, descobriu não apenas o princípio de incerteza como também a possibilidade de que existe uma coisa que, em si mesma, é a própria incerteza. Não tem cor, odor, não é palpável; mas existe. No curso dessa jornada, na qual a raça humana, em tentativas para alcançar a verdade, descobre-se que nós, os observadores, perturbamos a coisa que está sendo observada.

Mesmo os mais avançados pensadores humanos permanecem em estágio embrionário. Estamos apenas começando a pensar; nem sequer sabemos quais são as regras do pensamento, não sabemos nem o que fazer com essa capacidade para pensar recentemente adquirida.

O princípio da incerteza de Heisenberg é uma etapa importante da jornada; é deplorável que qualquer parte da humanidade possa estar certa. Se existe algo que é *certo*, é que qualquer certeza é errada.

Quinta

Bion. Estava explicando para o tradutor que descobri que é bem ruim tentar traduzir para o inglês tudo aquilo que desejo dizer. Fico muito agradecido por não ter de tentar traduzir o que desejo dizer para outra língua. Portanto, peço-lhes que sejam condescendentes comigo e com o tradutor. Não penso que a falha seja nossa, pois é algo inerente ao problema que desejo introduzir.

Por isso, penso que esse assunto provavelmente vai tomar pelo menos quatro ou cinco tardes para ser introduzido. O que digo vai parecer incompreensível, ou tão óbvio, que nem merece ser dito. Tanto faz, caso pareça obscuro ou óbvio; nos dois casos, vou dar-lhes uma impressão enganosa.

Inicio lembrando-os das descrições de Melanie Klein sobre identificação projetiva e posições esquizoparanoides e depressivas. Um bebê ou uma criancinha pensa poder clivar sentimentos e ideias ruins, ou seja, qualquer coisa que não seja prazerosa. Segundo Klein, a criança tem uma *phantasia onipotente*, a de que pode clivar esses sentimentos ou ideias não prazerosas; logo após, pode evacuá-las, de modo idêntico ao que pessoas podem evacuar urina e fezes. Klein referia-se a algo que acreditava se aplicar a épocas *posteriores ao nascimento*.

O que vou dizer não pode aspirar ao *status* daquilo que ordinariamente se denomina "pensamento científico"; o máximo que posso reivindicar é que se trata de uma conjectura imaginativa, cuja questão central é que, antes do nascimento, um feto – não sei o quão perto esse feto fica do momento de nascer ou, como dizem obstetras, de estar a termo, ou se o que vou dizer pode se aplicar ao embrião em estágios mais precoces – torna-se sensível àquilo que pode ser denominado "ocorrências", eventos similares a sentir a pulsação de nosso próprio sangue ou sentir a pressão física de um tipo que pode ser comunicado por um fluido aquoso, como o fluido amniótico ou algum fluido extracelular. (Quando me refiro a fluidos extracelulares, falo de um fluido tão próximo quanto possível a um fluido nada poluído. O fluido amniótico já está poluído – é denominado mecônio.) Posso conceber situações em que algum tipo de pressão se transmite pelo fluido amniótico e, portanto, podem estimular covas auditivas e orbitais. Estou aqui conjecturando que mesmo um embrião de três ou quatro somitos tem algo que um dia vai se tornar aquilo que denominamos "sensações". Não sei como devem ser chamadas no período intrauterino – caso existam. Uma fotografia intrauterina mostrou um feto com um de seus braços levantado, como que para se proteger de uma luz brilhante.[1] Não sei qual é a constituição da luz vista por

---

1 Na época em que Bion era vivo, surgiram as primeiras fotografias feitas com endoscópios ópticos, ainda em estado primitivo, que usavam pequenos tubos espelhados e filmes com sais de prata, exigindo iluminação por microlâmpadas fluorescentes de *flash*. Fibras ópticas, fotografias digitais sensíveis por raios infravermelhos, ressonâncias magnéticas aplicadas ao corpo humano e tomografias ainda eram – utilizando a linguagem proposta por Bion – "conjecturas imaginativas" em passagem para "conjecturas racionais" de matemáticos e físi-

pessoas quando há mudanças de pressão no globo ocular. Também foi possível fotografar fetos em momentos em que chupavam seu polegar – realmente, é possível observar crianças que nascem com pelo menos um dedo em sua própria boca. Dois fragmentos de evidência que me parecem servir de desculpas para conjecturas racionais. Não espero que nenhum cientista acostumado com a disciplina e o rigor do pensamento científico concorde, mas, como psicanalista, penso em nossa necessidade de apelarmos para conjecturas imaginativas e racionais desse tipo. Nosso assunto, como um todo, pode ser atacado por não ser científico e não pode ser alicerçado em nenhuma evidência científica. Podemos reivindicar apenas que é "provável".

Estou supondo que gametas de pais inteligentes podem fundir-se para produzir o que pode ser denominado uma pessoa inteligente. Não vejo nenhuma razão que impeça considerar um feto a termo como um adulto potencialmente inteligente.

Denomino tudo isso de conjecturas racionais: não penso ser possível reivindicar nada além disso; alguém que faz isso pode distorcer e desvalorizar os padrões de um trabalho científico. Posso também imaginar que um embrião pode não gostar de sentir sangue pulsando no sistema circulatório. Posso imaginar também que um embrião pode desgostar dos efeitos de estágios precoces de produção de adrenalina ou de alguma outra função em desenvolvimento. Quanto mais um embrião ou feto for potencialmente sensitivo ou inteligente, maior a probabilidade de ser posteriormente considerado como "cônscio" dessas sensações; pode não gostar delas e pode tentar livrar-se delas. Penso que o que ocorreu nessa etapa é análogo a uma *phantasia* onipotente ou ceticismo; é o que depois vai ser chamado "um fato". O embrião pode prosseguir, mas

---

cos, com exceção da ultrassonografia, que ainda era extremamente precária e tosca. [N.T.]

fazendo uma curva errada em seu desenvolvimento, tornando-se incapaz de ter "sentimentos" ou "ideias", portanto, nasce com falta de elementos importantes em seus equipamentos. No entanto, a criatura pós-natal ainda retém potencial para atividade inteligente. Entre essas capacidades, existe uma para imitação, mimetismo, de tal modo que um bebê ou uma criança "inteligente" (distinto de "sábio") é capaz de imitar pai, mãe, irmãos, irmãs; fica "bem ajustado". Depois, caso a pessoa seja suficientemente azarada para chegar a um tribunal de justiça – como ocorreu no caso de Loeb e Leopold[2] –, pode ser julgada de acordo com o que é conhecido na Inglaterra como leis de M'Naghten: a pessoa acusada sabe a diferença entre certo e errado? O tipo de personalidade que estou analisando – que um psiquiatra pode chamar "psicótico" – *sabe* a diferença entre o que é chamado de certo e o que é chamado de errado. É claro que Loeb e Leopold sabiam que todas as pessoas comuns achavam que assassinato é "errado". É claro que os dois sabiam que era "errado" cometer aquilo que denominaram "o crime perfeito" e o ato de enfiar o corpo de uma criança assassinada em um bueiro – um procedimento que não é chamado de "pesquisa" por uma pessoa sã. Então, o promotor pode arguir, com justiça, que essas pessoas conhecem a diferença entre certo e errado; portanto, são culpadas pelo crime.

Menciono essa história para assinalar a situação específica e aterrorizante na qual uma pessoa muito inteligente pode ficar incapaz de ser sábia. Existem certas doenças em que parece haver um defeito nos neurotransmissores. Por muito tempo, houve dificuldades, porque havia algo anômalo nos achados das pesquisas. Ainda que a administração de levodopa parecesse ter um efeito curativo no portador da doença de Parkinson, descobriu-se

---

2 Nota de rodapé 6 da segunda palestra proferida em Nova York (na primeira parte deste livro, p. 47). [N.T.]

recentemente que aquilo que na aparência era uma *falta* de dopamina, na verdade, não era. A quantidade total de dopamina permanece inalterada. Então, trata-se de um enigma de saber por que parece existir uma escassez. Hoje em dia, parece possível que a verdade esteja na questão da concentração anormal de *receptores* de dopamina em certas regiões do sistema nervoso. Nós, analistas, enfrentamos um paradoxo semelhante; por que falta sabedoria a uma pessoa aparentemente muito bem-dotada em inteligência? Podemos pensar que tal pessoa pode, muito naturalmente, também ser inteligente. Considerem sua própria experiência analítica. Já cruzaram com pessoas que acreditam serem extremamente inteligente que são estúpidas? Soa como um paradoxo sagaz dizer: "Não existe pior tolo que um tolo estúpido; não há pior tolo estúpido que um que seja inteligente".[3] O que ocorre para que tantas pessoas inteligentes pareçam ser incapazes de ser sábias? O que aconteceu com a inteligência? Será que, como uma árvore que esconde sua madeira, são tão espessas para perceber a sabedoria repousada além da esperteza?

Pergunta. O senhor pode nos dizer algo a respeito da formulação de Freud de que um analista deve se reanalisar a cada cinco anos? Isso pode estar ligado à inteligência e à sabedoria? Ou à poluição? No seu sentido moderno, o grande problema da humanidade: o que fazer com nosso lixo?[4]

B. Vou repetir a citação do Eclesiásticos: "A sabedoria do erudito lhe vem na oportunidade do descanso".[5] Um homem ou uma

---

3 "O tolo mais sábio da cristandade" – observação atribuída a Henrique IV, da França, sobre James I, da Inglaterra. [N.E.]
4 Embora o problema persista, incrementado em grau incomparável, recebe menor atenção popular; meio século atrás era considerado como o maior problema mundial. [N.T.]
5 Ver terceira palestra (p. 156). [N.T.]

mulher precisam adquirir cultura é só então podem ser potencialmente sábios. Podemos aprender muito pela oportunidade de ter uma análise; quando paramos, podemos dizer que estamos tendo uma oportunidade para descanso. Retornar para uma análise pode constituir-se como oportunidade para iluminar melhor os modos pelos quais utilizamos o conhecimento. Desse modo, podemos nos tornar mais sábios, tendo inclusive alguma oportunidade para comparar aquilo que sabíamos há alguns meses ou anos com o que agora sabemos. Já tentaram reler alguns dos clássicos que lhes foram apresentados à época da escola? Parece que continuam a ser os mesmos; do ponto de vista gráfico, são os mesmos. No entanto, as palavras, que são as mesmas que estudaram na escola, possuem algum outro significado? Sugiro o seguinte exercício: fique em silêncio. Tão rápido quanto possível, escreva o que conseguiu observar com todos os seus sentidos disponíveis – ou seja, com seus olhos abertos – ou com seus olhos fechados. Repita o procedimento depois de meia hora ou duas horas; pode fazer em um dia, em uma semana – qualquer intervalo que desejar. Após fazer isso, veja se as listas são as mesmas, se a ordem na qual escreveu permanece a mesma ou se ficou diferente. Pode, agora, comparar o que foi capaz de observar há algum tempo com aquilo que é capaz de observar agora. Pode dizer se ficou mais observador? Ou menos? Tem alguma ideia para dizer se ficou mais ou menos sábio? Se tem uma ideia de que ficou mais observador, mas não tem a menor ideia se ficou mais sábio, qual é, então, a diferença entre observação inteligente e sabedoria? Não estou dizendo "Procure no dicionário". O que *estou* dizendo é: "Procure em sua mente".

P. O senhor nos falou sobre conjecturas racionais a respeito de vida fetal, dento do útero. Pode nos falar sobre uma de suas experiências clínicas?

B. Caso me defronte com uma foto mostrando um feto com seu dedo na boca, ou um feto com um braço erguido, aparentemente na tentativa de proteger seus olhos, tudo isso me é útil como um modelo. O mesmo se aplica a essas conjecturas. Acho que previsões e prudência são úteis, mas acontece que não sou profeta nem vidente; tenho de contar com conjecturas racionais. Uma pessoa capaz de perceber e discernir a realidade,[6] seja qual for essa realidade, ou um poeta, ou um profeta, podem ser capazes de obter evidências muito mais convincentes para agir com prudência ou de acordo com previsões. No entanto, tenho de apelar para conjecturas imaginativas e racionais. Não penso que sejam muito boas, mas são as melhores de que disponho.

De modo parecido, em uma análise: enquanto tento entender o relato de um analisando, tenho de supor, tenho de conjecturar, até que o paciente possa me fornecer mais evidências convincentes; só aí posso estar na posição de me sentir razoavelmente certo da minha interpretação.

P. Um autor disse: "A vida é um produto da conjunção de reações químicas, em contínuo e intenso movimento". Na realidade, jamais somos os mesmos, jamais somos aqueles do movimento imediatamente anterior. Como o senhor vê a natureza temporal do ser existencial, considerando o processo de mudança contínua?

B. Como surgem vermes em uma pilha de matéria morta e putrefata? Como essa pilha produz algo vivo, podendo ser denominado uma espécie de animal? Como definimos a diferença entre uma cadeira que parece ser feita de matéria morta e eu, alguém capaz de andar por aí? Qual seria nossa definição da diferença entre objetos "mortos" e "vivos"? Jamais vi qualquer definição

---

6 No original, "*insightful*". Uma versão literal pode ser "pleno de *insights*". O leitor pode consultar a nota de rodapé 5 da quinta palestra proferida em Nova York (na primeira parte deste livro, p. 116). [N.T.]

científica disso. Um cachorro pode ficar interessado na foto de outro cachorro, pode cheirá-la, mas não mostra nenhum outro interesse. Entretanto, caso mostre uma série de fotografias em uma tela, aquele cachorro fica excitado e interessado, pode querer perseguir ou lutar com o outro cão. Por que demonstra desinteresse por uma foto e interesse em uma série de fotos que lhe dão uma ilusão de movimento? Nossa posição não é muito melhor. Na investigação sobre a vida, há descrições cada vez mais elaboradas da molécula de DNA, mas, até o ponto que sei, não estamos nem um pouco mais próximos da vida. Sugiro que o senhor novamente me faça essas perguntas em outra oportunidade. Quem sabe ficarei mais sábio. Não posso respondê-las neste momento. Não penso que exista nada de errado com perguntas, mas penso existir muita coisa errada com respostas.

P. Gostaria de mudar o vértice para relatar uma história sobre um psicanalista que morreu e foi para o Paraíso. Ao chegar, conheceu São Pedro, mostrando-lhe seu *curriculum vitae*. São Pedro não gostou. O analista argumentou: havia sido um bom analista, havia tratado de neuróticos e psicóticos, escrito livros, dado conferências. São Pedro falou que estava apenas buscando promoções e um modo de conseguir poder. Não há caridade nem humanidade nisso. Além disso, cobrou taxas muito altas. Então, São Pedro perguntou-lhe se poderia lembrar-se de alguma época em que houvesse sido caridoso com alguém. O analista pensou, pensou, finalmente lembrou-se de ter tido um ato caridoso. "Ah, uma vez eu dei vinte dólares para os pobres." São Pedro chamou seu assistente, Josué, dizendo: "Dê vinte dólares a este homem e mostre-lhe o caminho do Inferno". Moral da fábula: "Amor com amor se paga; dinheiro com dinheiro se paga". Onde fica a humanidade, entre nós, psicanalistas e psicoterapeutas?

B. Não sei. Tenho receio de ser enviado ao Paraíso em função de algum acidente – que penso ser bastante improvável. Pois, caso eu seja, haverá montes e montes de carneiros, novilhos e passarinhos que nunca saíram de seus ovos, todos eles fornecendo evidência de terem sido comidos por mim. "Dr. Bion, o senhor errou o lugar. Volte para o inferno e coma a si mesmo." Não procure pela eterna felicidade; o que há por aqui já é o suficiente. Como em um ditado popular: "É o amor que faz o mundo girar". Um realista procuraria por fontes de energia.

Sexta

Bion. Na maior parte das disciplinas científicas há objetos materiais para observar. Entretanto, no tipo de trabalho que fazemos, os problemas de observação são diferentes. Temos até mesmo de utilizar a palavra "observação" de modo peculiar, pois não há nada para "observar" como que observamos objetos físicos. A introdução do princípio de incerteza de Heisenberg tornou claro que até mesmo a observação dos objetos físicos não é tão simples como pareceu ser; essas dificuldades são inescapáveis quando observamos aquilo que denominamos "mente". Entretanto, é necessário observar como atividade prévia ao teorizar.

Francis Bacon descreveu possibilidades para abordar um trabalho científico. A primeira delas é considerar um princípio geral e, a partir dele, fazer inquéritos a respeito de evidências que alicercem esse mesmo princípio geral. A segunda delas, compondo uma alternativa, é observar evidências materiais e, a partir da totalidade de observações efetuadas, deduzir o princípio geral. Bacon disse que a segunda forma é a abordagem correta. Quando temos de observar algo desprovido de forma, odor, cor ou som, destacamos o problema da evidência – a contraparte da evidência, em objetos físicos. Mesmo assim, não penso que seja possível engajar-se no trabalho analítico por muito tempo sem que se fique convencido de que existe uma mente. Podemos observar um animal que não seja verbalmente articulado e, mesmo assim, ficar convencidos de que esse animal está pensando. A mesma coisa se aplica a criancinhas muito pequenas ou a um recém-nascido. Ontem, perguntaram-me qual seria a evidência clínica. Não pode haver evidência clínica, pois ninguém analisou um feto. No entanto, *é* ridículo supor que um bebê recém-nascido não tem mente ou que uma criancinha de 5 anos tem uma mente, mas não tinha quando era bebê ou antes de nascer.

Ao levar a cabo uma investigação analítica, pode-se ficar consciente de um fato descrito por Melanie Klein como "identificação projetiva". Supondo um embrião capaz de se conscientizar de sensações primordiais, identificação projetiva pode ocorrer antes do nascimento. Se todos ficamos tão silenciosos quanto possível e então notamos aquilo que se ouve neste grupo, agora perfeitamente silencioso, podemos ter uma ideia daquilo que um embrião, eventualmente, está consciente. Novamente, terei de tomar emprestadas palavras de um estado de mente e aplicá-las para outro estado de mente, diverso do primeiro. Não vejo nenhuma dificuldade de acreditar na teoria dos sonhos de Freud, mas uma pessoa acordada e consciente conhece aquilo que ela viu, ouviu e experimentou em um estado de mente diverso, ou seja, o estado de mente de quando estava adormecida. A pessoa acordada acredita estar falando a verdade ao dizer que teve um sonho noite passada. Como essa pessoa sabe que teve um sonho noite passada? A afirmação é feita por uma pessoa totalmente acordada; é uma teoria de alguém que está bem acordado, a respeito de alguém que está em um estado de mente de quando dorme.

Existe alguma evidência de que exista um remanescente de um estado de mente diferente, ao observarmos uma pessoa fisicamente madura? Embriologistas nos falam da existência de sinais de que a fenda branquial sobrevive no adulto e na criança. Entretanto, seres maduros não têm fendas branquiais; os peixes sim. Um cirurgião diria que existe um tumor no cóccix, uma cauda vestigial. Se assim é, também seria possível haver sobreviventes naquilo que chamamos de "mente"? Se olharmos no "lugar" certo, sobreviventes não se tornam aparentes em certos estados de mente?

Sugiro que, ao observarmos uma pessoa fisicamente madura, sem nenhuma deficiência física, é possível estar sensível a um comportamento de certa forma peculiar, que não se encaixa naquilo que consideramos como sendo uma mente normal, saudável.

Penso que existe certa confusão nas ideias de Freud sobre o consciente e o inconsciente. Às vezes, Freud fala de algo que é inconsciente; outras vezes, de algo que é consciente; às vezes, de algo que está *no* consciente – configurando uma ideia diferente. Estou discutindo uma situação em que a ideia de haver consciente e inconsciente separados não é muito iluminadora; seria mais fácil discutir a ideia *do* inconsciente se a pessoa fosse uma coisa, um lugar onde se pode-se colocar algo. Se, como sugeri anteriormente,[1] um embrião tenta se livrar de sensações primordiais não prazerosas ou não bem-vindas, *é* lícito supor a existência de "ideias" ou "sentimentos" que *nunca foram conscientes*. O mais próximo disso que consigo descrever é: essas "ideias" ou "sentimentos" estavam "disponíveis" ou estavam "indisponíveis"; sua origem ficou fora de alcance. Então, quando lidamos com uma pessoa adulta, temos de distinguir entre algo que é consciente ou inconsciente e algo que permanece *inacessível*.

---

1 Ver discussão no início da quinta palestra (p. 173). [N.T.]

E quanto a sonhos? Quando um paciente diz sonhei noite passada, por que essa pessoa diz desse modo? Se o paciente está certo, as teorias da psicanálise clássica se aplicam. Entretanto, suponha que um paciente diga não ter nenhum sonho, nenhuma imaginação. Que tal? Podemos ter de considerar a possibilidade de que seus sonhos e sua imaginação não são acessíveis: ou de que esteja comunicando "fatos". O paciente pode ter aulas de alguma atividade atlética: luta livre, dança, ginástica rítmica. Entretanto, a atividade atlética pode ser um sobrevivente de elementos primitivos da mente. Recaindo em descrição anatômica, podemos dizer que são funções dos núcleos basais. O comportamento que parece ser irracional, neurótico ou hipocondríaco fica passível de compreensão se pensamos que tal comportamento é um estado em que o inconsciente se encontra onde o consciente deveria estar. De modo parecido, o comportamento chamado "neurótico" ou "psicótico" pode se basear em "fatos" que não observamos. Segal descreveu um paciente que falava de um violinista, dizendo que qualquer idiota podia ver que o violinista estava se masturbando. Nós pensamos que o violinista estava tocando violino – mas esse paciente não pensava assim.

O comportamento de determinados pacientes – por exemplo, um sorriso – é enganosamente parecido com aquele que exibem neuróticos, hipocondríacos ou mesmo um bebê, que pensamos estar sorrindo porque, tendo mamado, arrotou, após ter sido colocado no ombro de um adulto. A expressão nas faces de certa escultura fúnebre etrusca é, às vezes, denominada "riso arcaico"; parece significar o mesmo que um sorriso em qualquer semblante comum. Conheci um homem que foi tratado como criminoso por ter tido uma "insolência estúpida", como se falava no exército: uma interpretação errada. A denominação de um psiquiatra seria: trata-se de um sintoma de esquizofrenia. No entanto, não estou convicto da suficiência dessa interpretação para uma psicanálise.

Precisamos observar o que um paciente nos diz; a existência ou inexistência de algum fluxo sanguíneo em suas bochechas ou algum movimento muscular. Existem ocasiões em que podemos observar movimentos peculiares da musculatura voluntária; às vezes, podem ser movimentos da musculatura involuntária.

Ainda que movimentos da musculatura involuntária possam ser revelados por um raio X, caso o paciente tenha ingerido bário, não se dispõe desse tipo de aparelho em uma sessão psicanalítica. Temos de aprender um novo modo de observar.

Pergunta. Quais são as causas da inibição de determinado pensamento, que, ao emergir, seria adequado? Preguiça? Busca de algo mais fácil? Emoção?

B. Podem ser todas as causas; não tenho certeza de que possa ser iluminador considerar isoladamente os obstáculos. Entretanto, a pessoa quer se expressar, quer expressar algo – como ocorre com compositores, escultores e escritores – todas essas abordagens são difíceis, pois muitos dos nossos primeiros anos são gastos com nossas tentativas de nos livrar de quem somos. Como o senhor diz, há uma inibição, uma obstrução. Uma criança quer ficar boazinha, tentando ser quem ela pensa que seu pai e sua mãe querem que ela seja; gasta muito tempo tentando *não* ser ela mesma. Portanto, é difícil uma mudança para um desejo de expressar quem se é; equivale a modificarmos a direção de nosso pensar. Um escultor pode tentar mostrar a pessoas que não sejam ele ou ela mesma algo que viu, por meio de algum sequestro de uma quantidade de luz. Fazendo tal armadilha, deve existir alguém que queira olhar, mas as pessoas estão mais acostumadas a olhar o pedaço de pedra do que a forma da luz. De modo semelhante, um pintor pode descrever algo, colocando pigmentos em uma tela; esses pigmentos e essa superfície plana podem aprisionar a luz. Podemos ver um retrato pintado por Picasso e não conseguir ver o que está desenhado ou pintado na tela. Podemos dizer: "Não se parece a nenhuma face humana que eu tenha visto". Nenhuma escultura de Rodin parece uma estátua, comparada com a escultura de Davi, feita por Michelangelo, ou de Hermes, retratado por Praxíteles; todos retratavam algo, mas de modo diferente. Um escritor pode usar palavras de um modo que não é aquele que até então os leitores estavam acostumados. James Joyce disse que deveríamos despender toda nossa vida lendo *Finnegans' Wake* e só então poderíamos entender o que ele queria dizer. O que se expressa por suas palavras é diverso do que se expressa pelas palavras de, digamos, Shakespeare ou Milton. Artistas obtêm um modo de se expressar que transforma pinturas, esculturas ou obras literárias em algo novo.

Talvez o próprio Shakespeare não pudesse entender uma de suas peças encenadas nos dias de hoje. Se Freud fosse capaz de retornar a nosso mundo, poderia não entender a psicanálise hoje praticada. Essas pessoas fazem algo com a mente humana que significa que essa mesma mente jamais será a mesma que foi. Então, a questão não é saber quais são as inibições, mas saber algo daquilo que as pessoas querem transmitir. Aquilo que a pessoa *não* quer transmitir, aquilo que quer *in*ibir, é apenas parte daquilo que está tentando exibir.

P. Gostaria que o senhor nos explicasse como percebe as assim chamadas doenças psicossomáticas.

B. Não pense que alguma explicação vinda de minha pessoa tenha qualquer importância. Chamaria a atenção para a *natureza* do problema. Por exemplo:

Isto (Bion exibe a palma de uma de suas mãos) é uma representação da doença psicossomática. Agora, olhe isto (exibe agora o dorso da mão) é a doença somatopsicótica. É a mesma coisa: ambas, palma ou face ventral e dorso, constituem "mão"; é a mesma queixa. Olhando de um lado, é psicossomática; vire do outro lado e fica somatopsicótica. Colocando em outras palavras: caso sinta-se satisfeito em ver uma doença psicossomática, mude seu vértice, veja do outro lado. É a mesma coisa com inibição. Vista de um lado, diz "Não"; vista do outro, diz "Sim".

P. Gostaria que o senhor clarificasse certos ataques feitos por pacientes que, em análise, utilizam fortes emoções suicidas.

B. Há pacientes capacitados para incitar sentimentos poderosos no analista. Podem deixar-me receoso de que vão cometer suicídio; podem fazer-me sentir amor ou ódio. Minha capacidade de pensar de modo claro pode ser facilmente destruída pelo paciente que joga com minhas emoções. Enquanto que um analista pode dizer coisas que jogam com o paciente, um paciente também pode jogar com um analista.

O problema para analistas, ou para qualquer outro médico, é como ajudar alguém que pode fazer com que um analista pare de pensar de modo claro. Um analista pode tentar fazer com que seja mais fácil para um paciente pensar de modo claro; mas um paciente pode não querer fazer com que seja mais fácil que um analista pense de modo claro. Um terrorista pode aterrorizar duas pessoas que queiram discutir um problema – nesse caso, o terrorista vence. Destroem-se as condições mínimas para a discussão, pois terror não se constitui como estado de mente que conduza ao pensamento claro. O terrorista é capaz de mobilizar sentimentos fundamentais e poderosos, que frequentemente são expressos de modo sofisticado, como lutar ou fugir. Porém, a atividade de lutar e a atividade de fugir não se harmonizam com facilidade, com o pensar claro. Terrorismo é a arma e prerrogativa do deficiente mental.

Sétima

Bion. Sugeri anteriormente que um feto potencialmente inteligente lança mão de um mecanismo análogo ao que Melanie Klein descreveu como "identificação projetiva", que a considerou no período pós-natal. Esses gérmens primordiais de pensamento e sentimento tornam-se inacessíveis – quero dizer, fora do alcance ou controle daquilo que posteriormente será o caráter ou a personalidade. Na mesma proporção em que se pode dizer que um feto tem uma mente, o estado de mente de um feto é diverso daquele exibido por uma criança, a cujo pensar e modos de se comportar são aplicados conceitos de consciente e inconsciente. A criança ou bebê, ao mostrar mecanismos inconscientes, comportam-se como se tivesse um inconsciente parecendo experimentar um tipo de cesura denominado por Rank de "trauma do nascimento". Em outras palavras, há uma continuidade entre o feto a termo e a criança, ainda que a continuidade seja mantida como quebrada por aquilo que aparenta ser uma sinapse, ou diafragma, ou tela, de tal modo que o pensamento primordial do feto é projetado nessa cesura, refletindo-se na criança em níveis primordiais do pensar e do sentir. Por meio dessa membrana permeável, existe um contato em ambas as direções; uma cesura constitui-se como espelho transparente. Um bebê ou uma criança pode vivenciar sentimentos que eclodem do inconsciente e que, de modo semelhante, podem ser afetados na direção oposta. Ou seja, o pensamento da criança ou bebê pode afetar níveis primitivos do comportamento. Isso difere do estado de coisas que existe no crescimento embriológico daquilo que, tempos depois, podemos esperar que seja sua mente. A separação dessas duas forças, no pensamento, é quase que totalmente completa, produzindo-se, no entanto, uma situação misteriosa, pois simplesmente não *parece* ser assim. A mesma criatura, geneticamente talentosa, é capaz de iniciar, *após o nascimento*, um aprendizado: o de se comportar exatamente igual a todo mundo. De início, podemos supor que esse organismo é altamente inteligente, podendo facilmente aprender; ser capaz de competir, com sucesso, com irmãos e irmãs. Torna-se surpreendente, portanto, que durante períodos de tumulto emocional – adolescência, latência –, em que há turbulência marcada por calma aparente, comecem a aparecer espécies peculiares de comportamento. De repente, a criança parece incapaz de entender ou de se comportar segundo o senso comum. Comporta-se como se não tivesse nenhum resquício de senso comum.

De modo inverso, quando dela se espera um comportamento bizarro, há comportamento lógico. Mencionei um exemplo disso, no caso de um paciente, ao afirmar que todas as pessoas sabiam que um violinista se masturbava em público. Em análise, pode-se passar longo tempo até que se possa mostrar para um músico, ou para um paciente capaz de tocar o violino, que usava enunciados sobre tocar violino como recurso para expressar desejos masturbatórios inconscientes. Então, por um lado, existem neuróticos para os quais fica difícil mostrar eventuais resistências a impulsos inconscientes, atividades masturbatórias, e assim por diante. Por outro lado, existem pessoas inteligentes, que parecem incapazes de apreciar um belo solo de violino, mas não têm a menor dificuldade em ver que um violinista está se masturbando.

Penso haver algum tipo de conexão entre esse tipo de personalidade, que, por conveniência, denomino "psicótica", e outra, que denomino, "neurótica"; entre a atividade mental psicótica e o comportamento aceitável, social, racional. Parece-me que um pensamento de tipo, senso comum, exibido por neuróticos, por ser racional ou socialmente aceitável, é aceitável; mas parece-me também que há uma base psicótica. Penso que Melanie Klein diz justamente isso quando se refere à posição depressiva e à posição esquizoparanoide; refere-se a níveis do pensar e do sentir que poderiam, isoladamente, ser chamados "psicóticos". Klein insistia que não se podia considerar que neuróticos tivessem sido analisados, se não tivessem exposto seus elementos psicóticos.

É conveniente considerar que se pode dividir pacientes psicóticos: haveria um psicótico "insano", contrastando com um psicótico "são". Uso os termos "são" e "insano" com ênfase nas origens latinas – "saudável" e "não saudável". O psicótico são não tem vestígios de comportamento racional, consciente; algo pode ser feito para desenvolvê-los.

O psicótico insano, por outro lado, encontra seu caminho em hospitais psiquiátricos e, geralmente, lá estando, deteriora-se. Com quem lidamos, com o que lidamos, quando alguém aparece em nosso consultório desejando uma análise? Existiria algum modo pelo qual podemos formular, para nós mesmos, com que categoria de pessoa lidamos? Não é apenas uma questão acadêmica, pois na resposta dessa questão reside o fato de você querer ver ou não ver determinado paciente. Isso é algo que temos de decidir, quase que de repente. Realmente, pode-se dizer que temos de nos decidir na pressa e que nos arrependermos no descanso.

Se consideramos a cesura como diafragma mental, pode ser que obtenhamos alguma indicação. No momento em que estamos com nossos pacientes, qual é o grau de facilidade no qual mudamos mentalmente nossa posição, nosso vértice, de tal modo que possamos – quase – ver ambos os lados? Se estamos disponíveis para analisar um paciente asmático, bem cedo nos descobrimos em situação difícil, que posso descrever com base em uma experiência real.

Um paciente, diagnosticado como tendo asma, foi internado. Um analista, chamado para assistir o paciente nesse local, conversava, possivelmente, dentro de divisórias em volta da cama ou em um canto onde o paciente e o analista podiam ficar juntos, mas isolados de outras pessoas, na enfermaria. Depois de duas ou três sessões, houve piora nas crises asmáticas. Até esse ponto, tudo bem; ninguém se importou com tal agravamento, todos sabiam que asmáticos têm recaídas. Entretanto, um progresso na análise liberou, no paciente, uma capacidade para mobilizar opiniões no ambiente da enfermaria. O analista, por sua vez, descobriu que seu aparecimento era sinal para emergência de nítida desaprovação por parte de todos os habitantes do local. Tornou-se claro que as simpatias eram em apoio ao pobre paciente, objeto de conversas tão descorteses quanto tolas. O paciente, até então visto com certo incômodo, passou a ser visto como alguém provido de charme e inteligência. Só havia um defeito real – seu vício em psicanálise.

As pessoas não conseguem ver, por que alguém tão bem dotado, tão bom, adquiriu esse hábito peculiar de frequentar um analista. No curso das cessões analíticas, o paciente pôde ir deixando escapar um número crescente de comentários desagradáveis. Disse que, embora estivesse determinado a continuar a análise, a senhora Tal, mulher muito inteligente, não conseguia entender o porquê da insistência em ser tão tolo, a ponto de procurar aquele médico horrível, claramente sem a menor qualificação, sendo carreirista sequioso de dinheiro, inescrupuloso.

Falava mais e mais de sua infeliz experiência de ter de suportar aqueles comentários hostis sobre seu analista, a quem ele tanto admirava. Mais progresso na análise conduzia a uma situação na qual o paciente, que nunca tinha vivenciado frustrações, não tinha nenhum medo de insanidade e jamais estivera doente fisicamente, começava a ficar resfriado, receava ficar maluco, começava a ser impopular, tinha até mesmo o impulso – que jamais tivera – de cometer suicídio.

O estado que acabei de descrever lembra, de modo notável, estados nos quais mal-estares primordiais ficam inacessíveis, pois jamais foram conscientes, já que o indivíduo se livrou deles *na fonte*. Em idade muito posterior, essas coisas, antes inacessíveis, que jamais foram inconscientes e que também jamais foram conscientes tornaram-se ambos. O medo de suicídio não é mais um medo, aproxima-se muito mais de uma realidade, fazendo com que seja perigosa tal ameaça de suicídio. O paciente vai resistir a uma discussão do impulso de cometer suicídio, vai mencioná-lo, mas não quer mais falar a respeito. Se o analista persiste, torna-se responsável por gerar pensamentos suicidas na mente do paciente.

Antes de vermos tal paciente, penso que é de bom alvitre arrumar nossa sala de tal modo que possamos nos interpor entre um impulso súbito desse tipo e a ação que eventualmente se segue ao impulsor, de modo rápido e súbito. Não há nenhuma fase real interveniente entre o impulso, ou medo, e sua tradução para a ação. Monta-se, então, o palco para uma catástrofe instantânea. Não melhora muito internar tal paciente; não há outra alternativa senão continuar com a análise – pelo menos não há nenhuma outra alternativa que eu conheça. O paciente nunca teve a experiência – que muitas pessoas já tiveram – de ficar com medo da ansiedade, da masturbação, do sexo, com medo fundamentalmente de que vai ficar maluco ou de que possa algum dia vir a enlouquecer. Então, chega a esse medo sem nenhuma experiência preliminar de temê-lo: um choque tremendo, sentir-se com medo de enlouquecer *e* sentir que é um medo muito adequado, pois, de fato, já enlouqueceu. É como se jogar pela janela e, lá no ar, descobrir que cometeu suicídio; vai ser tarde demais

Pergunta. O senhor pode discorrer mais a respeito do "calendário psicanalítico", o modo no qual se pode datar uma ocorrência entre o paciente e o analista?

B. Penso que sua pergunta se relaciona à questão do "vértice"; algo que não esteja claro pode se tornar claro quando nos movimentamos de um vértice a outro. Por exemplo, pode-se perguntar como seria um problema, caso vivêssemos na época elisabetana ou se fôssemos um dos primeiros colonizadores na América do Sul. Uma indicação frequente da natureza desse problema é quando uma discussão parece estar em seu final e a continuidade da investigação, a partir de um ponto de vista específico, não permite nenhum resultado posterior.

É possível fazer o mesmo, ao mudarmos nossa posição no tempo – não é bem o caso de mudar uma posição geográfica. Pode-se olhar o assunto como se estivéssemos usando o ponteiro grande de um relógio. Se estivéssemos cronometrando o tempo de um corredor olímpico, em uma distância de cem jardas, teríamos de usar um relógio que registrasse centésimos de segundos; se fosse uma maratona, o relógio teria de ser outro. Se estivéssemos discutindo a comunicação verbal, a escala provavelmente teria de ser medida em dez milênios; se estivéssemos discutindo há quanto tempo existe vida na face da Terra, a escala seria de centenas de milhares de anos. Se estivéssemos considerando onde estaria esse período, aqui e agora, no momento em que a nebulosa da qual somos parte integrante tivesse rodado o suficiente para nos levar ao ponto oposto da espiral, teríamos então de medir em termos de tempo cósmico, algo em torno de 108 milhões de anos-luz. Será útil caso nos acostumemos com esses vértices imaginativos do pensamento. Se estamos discutindo o pensamento civilizado, ou comportamento civilizado, temos de considerar uma escala de tempo que pode medir o intervalo entre o ápice da civilização egípcia e os dias atuais; se um arqueólogo está escavando as urnas do Moenjodaro,[1] tem de descobrir algum método que o situe no calendário da história humana. Supondo que você tenha diante de si um paciente, um ser humano civilizado, educado. Nele, algo aparece, ou é descoberto; esse algo fica curiosamente anômalo – como a afirmação sobre saber que um violinista está se masturbando. Como datar esse fragmento?

Na guerra, tive a experiência de conversar, com dois ou talvez três amigos, sobre o sentimento de que não queríamos prosseguir na refrega; a guerra parecia-nos ridícula. Conversa extraordinariamente similar a outra, claramente descrita no *Bhagavad Gita*: Arjuna conversa com Krishna, argumentando: "Dentre os oponentes, incluem-se muitos de meus melhores amigos, muitas pessoas que eu admiro, que são meus parentes"; atirando suas armas no chão, completa: "Não vou lutar".

Dos vários problemas hoje expressos por nossos pacientes, podemos reconhecer que muitos são problemas do início dos tempos, dos quais temos registro. Portanto, é útil se temos à nossa disposição nossa própria estrutura particular, nossa própria arquitetura psicológica, de tal modo que, ao tentar retratar a mente com a qual ficamos em contato, podemos datar as várias partes, de acordo

---

1 Sítio arqueológico do que *é considerado* um dos mais antigos agrupamentos urbanos da humanidade, localizado onde hoje é o Paquistão; data de 2500 a.C. Uma versão em português pode ser Monte dos Falecidos. [N.T.]

com um esquema prévio, uma "grade" (*grid*) de nossa própria lavra – para cada um de nós. A "grade" que delineei precisa ser aprimorada por todos vocês, para uso de cada um de vocês. Uma "grade" constitui-se como mera indicação do tipo de coisa que pode ser um auxílio para retratar que acabei de falar. A dimensão de tempo, algo que pode ser medido por relógios, cronômetros ou calendários, é apenas uma coordenada que o capacita a colocar uma descoberta no espaço. Se vocês fizerem uso de uma escala abrangente, a psicanálise ocupa apenas uma parte muito pequena no presente. Trata-se apenas de um ramo imaturo da capacidade para pensar. Entretanto, a capacidade para pensar é apenas um subproduto recente do desenvolvimento daquilo que estamos acostumados a considerar como vida humana. E esta, por sua vez, é apenas um fenômeno relativamente recente, em termos do desenvolvimento dos objetos vivos – plantas, vírus e animais.

P. No século XVI, Tomé de Souza estabeleceu um decreto: para cada pessoa devorada por um índio canibal, outro índio seria morto por arma de fogo. Destruiu-se a cultura indígena canibal e, com ela, o canibalismo. O que acontece com o paciente, caso o trabalho analítico "assassine" sua destrutividade?

B. O animal humano deve ser extremamente destrutivo pelo simples fato de que ainda existimos; fomos capazes de destruir todos os nossos oponentes, como os animais – que poderiam querer nos devorar. Ainda estamos nesta situação; ainda estamos tentando destruir espiroquetas, gonococos, criaturas minúsculas. No entanto, também dependemos dos nossos companheiros. Como nos ajustamos à vida "civilizada", ou seja, como fazer parte de uma comunidade civil? Temos de ficar ajustados a uma existência em hordas, mas enquanto existe um impulso para viver cooperativamente, em conjunto com nossos amigos animais, ao mesmo tempo há um impulso a se juntar para guerrear contra outros ajuntamentos de pessoas. Há um impulso para se dizer: "*Este* animal parece semelhante a mim; temos o mesmo cheiro; vou me agregar a ele. *Aquele* animal, por outro lado, tem uma cor e um cheiro diferente; vamos matá-lo". É prematuro e precoce cunhar termos como "Reino Unido", "Estados Unidos" e agora "Nações Unidas".

O quão unidos somos? Podemos ver, se temos uma visão de muito próxima[2] desses vários estados unidos, e geralmente descobrimos todos os sinais de desunião. O que fazer nesse desenvolvimento paradoxal? Por quanto tempo podemos dizer que há um estado de unificação na jornada que parte da barbárie e ruma à decadência? Por vezes, parece que uma nação vai do barbarismo à decadência sem nenhuma fase de civilização intermediária. É claro que depende de como definimos "comportamento civilizado", pois atribuímos, em certos aspectos, grande importância às obras de arte, quando uma sociedade produz uma espécie de mobília funerária como aquela encontrada na tumba de Tutancâmon. Recentemente, li sobre o sepultamento de uma mulher de acordo com seus desejos: sentada ao volante de uma Ferrari. Que descoberta arqueológica isso vai dar! Como datamos as aquisições artísticas *desta* civilização?

---

2 No original, "*close-up*". [N.T.]

Oitava

Bion. Até o momento, estivemos discutindo assuntos para os quais, penso, existe pouquíssima evidência científica; se é que existe alguma. Um crítico hostil poderia dizer, com facilidade: "Tudo isto é pura imaginação". Eu lhe diria: "Sim, mas já é tempo de se reconhecer 'pura imaginação'" como algo que tem um lugar no trabalho científico. Se pura imaginação é considerada como algo exclusivo, é melhor reconsiderarmos boa parte do que se passa por trabalho científico, de tal modo que podemos ter razoável certeza de que alguns desses estudos tão prestigiados não podem ser classificados, adequadamente, de "ficção científica" – em vez de trabalho científico –, no sentido de serem formulações da verdade à qual apenas pretendem almejar".

Penso ser razoável pressupor o fato de que um paciente, ao nos procurar, quer sinceramente dizer a verdade, mas pode não estar cônscio das grandes dificuldades envolvidas. No entanto, *nós* precisamos estar cônscios dessas dificuldades; não devemos reivindicar um *status* mais alto para nossas teorias do que uma avaliação crítica justificaria. De outra forma, podemos nos descobrir tentando defender o indefensável.

Vamos prosseguir das conjecturas imaginativas e racionais para algo que reivindico ter maior credibilidade. A linguagem e as teorias de psicanálise têm sido varridas, mais e mais, para o campo da conversa social. Lembro-me de meus tempos na escola médica. Costumava-se ouvir, socialmente, a respeito de figuras paternas, situações edipianas e todo o resto. Posso qualificar esse tipo de conversa como mobília da tumba de Freud, escavada dos trabalhos de Freud. Soava plausível. Até mesmo culto. Penso que, atualmente, ficou mais disseminado. Estamos familiarizados com uma psicanálise muito "melhorada", mas que é, de fato, baseada em entendimentos inadequados de teorias psicanalíticas. Penso que os institutos das sociedades psicanalíticas estão corretos ao colocar enorme ênfase na análise individual.

Gostaria da atenção de vocês para uma situação peculiar e duvidosa; algo que nenhum analista isolado pode investigar de modo completo – ninguém sobrevive por tempo suficiente. Entretanto, se ficamos sensíveis, podemos fazer algum progresso neste "domínio obscuro".

Um paciente se deita no divã; sem a menor hesitação, começa a dizer que teve um sonho noite passada. Não quero dar a impressão de que acho que essa pessoa mente nem de que não acredito nele; ao mesmo tempo, não assumo que essa afirmação seja verdadeira. Estou alerta para uma possibilidade: aquilo que está sendo relatado para mim não pode ser corretamente descrito como "um sonho", mesmo que o paciente seja sincero. Existe algum modo pelo qual alguém poderia estar sensível em relação à possibilidade de que não estaria ouvindo um sonho? Existe algum "fato", na prática real de psicanálise, que faria alguém tentar saber o que está ouvindo?

Enquanto um paciente me relata seu sonho, dou-me conta de estar tentando saber por que essa pessoa teria se dado ao trabalho de sonhar aquilo. Um relato muito literal; não soa como uma imaginação! Soa como se pudesse ter mesmo acontecido. Esse é um critério subjetivo; depende do sentimento de alguém que, tendo ouvido grande quantidade de relatos de sonhos, percebe haver diferenças neles que não são simplesmente porque todos nós somos indivíduos diferentes e que é improvável que dois sonhos possam ser semelhantes. Levanto as minhas suspeitas quando o relato sobre um sonho *é* feito isento de qualquer hesitação, sem dar tempo para um tatear por lembranças, quando há grande detalhamento e semelhanças com uma história comum. Uma de minhas primeiras experiências assim foi com um paciente que começou a relatar um sonho e não parou mais. Comecei a me dar conta de um sentimento: "Gostaria que não parasse – não vai me sobrar nenhum tempo para interpretar". O paciente podia estar tentando sonegar tempo, para uma interpretação, mas penso que não era o caso. Contive minha impaciência; continuei ouvindo. Foi *desse modo* até o fim da sessão, quando tive de dizer: "Vamos ter de parar e deixar desse modo, no momento". Penso que o paciente ficou razoavelmente tomado de uma suspeita de que eu não teria ouvido direito o relato, e também ficou surpreso, frente ao fato de ter ouvido que era hora de parar, sem ter recebido qualquer interpretação.

Na sessão seguinte: "O senhor não me deu nenhuma interpretação".

Respondi: "Caso continue com o sonho, podemos ter tempo para a interpretação hoje ou talvez da próxima vez". Disse-me: "Não posso". Entretanto, estava preparado para acreditar que podia continuar com aquele "sonho"; senti que havia ficado desconcertado frente a meu convite de continuar. Mas, a partir desse ponto, começou a ter associações livres, como qualquer pessoa em análise.

Embora eu não sentisse que essa pessoa se mantivesse completamente acordada nem que estivesse fazendo comunicações conscientes. Posso colocar da seguinte forma: pensei que o paciente prosseguia em um estado diferente de mente; o estado de mente no qual alguém se encontra quando está no ponto que chamamos de "acordado"; o estado de mente no qual as pessoas estão quando conscientes de que estão sob a luz do dia. De modo inverso, o alegado sonho é uma reminiscência do estado de mente de uma pessoa adormecida, quando provavelmente o ambiente está escurecido escuro. (Gerard Manley Hopkins escreveu: "Acordei, sentindo o cair do escuro".[1] O termo "cair do escuro" é utilizado de modo ambíguo, com um significado incomum para "cair", ou seja, "pelo" ou "couro". Dessa forma, a citação também significa: "Acordei, sentindo a escuridão como se fosse o pelo de um animal".)

Soa como se o paciente tivesse um sonho na noite anterior; seria razoável interpretá-lo de acordo com o que se sabe a respeito de sonhos. No entanto, esse sonho, relatado por esse paciente, é diferente. Existe algo na situação, fazendo-me sentir que, se eu o tivesse sonhado, poderia senti-lo do mesmo modo que sentiria um casaco de pele.

Não dou muita importância ao fato de o paciente estar acordado quando me diz que sonhou e conta o sonho nem tampouco que o paciente esteja, aparentemente, em um estado de mente no qual as pessoas denominam a experiência noturna como sendo "um sonho". Não posso dizer que está alucinando ou delirando; seria muito mais satisfatório se pudesse dizer isso, mas não quero lhes dar nenhuma ideia de certeza sobre isso. Gostaria de sensibilizá-los para eventos dessa natureza peculiar, de tal modo que, quando ocorrerem em seus consultórios, poderão fazer suas próprias contribuições em relação ao que estará acontecendo.

---

1 No original, "*I wake and feel the fell of dark*". [N.T.]

Em outra ocasião, referi-me à afirmação feita por Blanchot: "*La réponse est malheur de la question*" – que poderia ser traduzido por "A resposta é o infortúnio da pergunta". Em outras palavras, não há nada que possa extinguir a curiosidade de modo tão completo quanto uma resposta. Um paciente que, toda vez que você dá uma interpretação, se mantém dizendo "Sim, eu sei, sim, eu sei, sim, eu sei" ou "Eu não sei o que você quer dizer" assassina qualquer curiosidade que poderia aparecer. Não podemos continuar a pesquisa nesse assunto; o paciente já conhece todas as respostas ou, de modo alternativo, não entende nenhuma resposta que fornecemos. Também não conhece nenhuma resposta que ele mesmo pode dar, e então as duas pessoas ficam no mesmo infortúnio. O paciente não pode ser analisado; eu não posso analisar. Parafraseando Milton: "Entrada absolutamente proibida para sabedoria".[2] O tipo de comportamento por parte do paciente faz com que seja impossível a utilização de nossos sentidos; dói ouvi-lo. É semelhante ao que aparece quando um paciente afirma não ter imaginação, quando um paciente diz ter tido um sonho e nos relata aquela espécie de sonho que acabei de descrever, quando um paciente que esfalfa por ensurdecer nossos ouvidos, de tal modo, que não podemos ouvir o que ele diz. Tento sumarizar essa situação dizendo que o paciente está perturbado ou é um psicótico *borderline*. Desse modo, não teria dito absolutamente nada a vocês. Para tentar dizer algo mais positivo, apelo para mais uma conjectura imaginativa. Sugiro que esse paciente seja um psicanalista praticante muito bom, do tipo que detecta todos os meus pontos fracos e sabe exatamente como seguir o jogo. Se, daquilo que o paciente pode ver ou sentir a meu respeito, souber da existência de determinados sons difíceis de tolerar para mim – como "Sim, eu sei", "Quero dizer", "Você sabe", "Não entendo o que o senhor quer dizer" – pode executar bombardeios sobre minha pessoa com essas afirmações; pode inocular-me

---

2 No original, "*Wisdom at one entrance quite shut out*". [N.T.]

com esse tipo de soporífero verbal. Semelhante a Hamlet, pode-se gotejar veneno no ouvido, destruindo a capacidade analítica do ouvinte. Essas pessoas, caso tenham sucesso, deixa-nos, ao final do tratamento, analistas piores do que éramos quando as conhecemos. Não quero dizer que haja deliberação consciente – trata-se de um "dom".

Estes debates podem parecer desconexos, pois na prática da análise a natureza desconexa das evidências faz parte das dificuldades. Podemos obter fragmentos de evidências dispersas no material, por um período de alguns meses ou mais; não é fácil ver o relacionamento entre os vários fragmentos. Fica particularmente difícil, pois não podemos excluir a possibilidade de que a conexão entre os fragmentos resida em nossa própria mente, não sendo autóctone ao material.

Quero falar sobre uma daquelas situações que denomino de uma impossibilidade em obter descanso.[3] O paciente pode falar sobre estar estudando balé ou ginástica, ou pode haver algo mais imediatamente perceptível, como determinada postura no divã ou um desejo de substituir o divã por uma cadeira ou de uma cadeira por outra. Frequentemente, é algo que não dá na vista. Algumas vezes, o paciente pode chamar a atenção para si mesmo, sem dar o devido valor ao fato para o qual chama a atenção. Pode rir ou fazer piadas sobre o fato, pode não gostar quando descobrir que o analista leva o negócio a sério. O ponto importante é que o paciente está começando a querer fazer comunicação atlética, em vez de comunicação verbal. Se, nas formulações que utilizamos como associações livres, o paciente pode dar alguma expressão a sintomas, a queixas em relação às quais está consciente, então talvez seja possível usar o mesmo canal de comunicação na *direção oposta*.

---

3 No original, "*restlessness*". Literalmente, inquietação; uma incapacidade crônica para obter lazer, típica de estados maníacos. [N.T.]

Podemos comunicar verbalmente, de tal modo que o paciente consiga transmitir isso pelo sistema nervoso central, pelas ramificações dos sistemas automático e simpático, alcançar o local que precisamos que alcance? Se um paciente nos envia uma comunicação por um sistema que emerge à superfície sob forma reconhecível – por exemplo, asma –, seria possível nos comunicar com tal paciente para que a interpretação passe dos pulmões para seja lá qual for a origem da asma? Em medicina física, pode-se dizer que nossa esperança é examinar um paciente fisicamente e encontrar onde está o foco de infecção. Podemos descobrir algum método pelo qual nossa interpretação descobre seu caminho de volta ao ponto de origem daquilo que pensamos ser um sistema mental, como um sistema de ansiedade e pavor, ou terror, ou pânico. É muito comum que pacientes seriamente perturbados gastem sua vida inteira negando toda e qualquer expressão daquilo que eles mesmos suspeitam ser um distúrbio sério – o tipo de coisa que denominamos uma psicose ou mania. Com excessiva frequência, esquece-se que um paciente seriamente perturbado ficou perturbado por estar consciente de algo sério, mesmo que seu analista não esteja, e o paciente não quer relembrar isso. O analista e o analisando podem se encontrar no desejo de denegrir a seriedade da "dor mental" – acontece um conluio perigoso.

O paciente está propenso a expressar suas experiências e sentimentos aterrorizantes em termos que são enganosamente tênues, e nada espetaculares. Então, ao ouvir um paciente referindo-se de modo jocoso ao fato de ter tomado aulas de dança ou outra atividade física, é possível descobrir algum método pelo qual a comunicação se dê pelo mesmo sistema que se mostrou por esse comentário tênue e dificilmente perceptível?

Penso que, no presente, talvez seja mais sábio manter o sistema de comunicação verbal comum, convencional, e dar uma interpretação o mais precisa e artisticamente possível. Digo "artisticamente", pois não penso que seja muito bom produzir mais e mais textos em revistas psicanalíticas, a ponto de fatigar os olhos de leitores. Quando aparece mais um número da revista, vocês sentem "seu coração pular de alegria"? Ou ficam dispostos a cancelar a assinatura? Caso a resposta seja a última alternativa, sugiro que não escrevamos mais nenhum desses textos.

É fácil falar, mas na verdade é difícil a própria pessoa não escrever a mesma linguagem tediosa, não artística. De forma alguma reivindico isenção dessa crítica, mas penso que deveríamos tentar nos expressar de tal modo que o ato de receber seja um prazer para o receptor. Os artistas podem dizer coisas desagradáveis ou aterrorizantes, mesmo assim podemos estar preparados para ouvir sua música, ler seus livros ou olhar suas esculturas.

Pergunta 1. Existe alguma diferença entre um delírio somático e um delírio hipocondríaco?

B. Sim, se o senhor pensa dessa forma. Qual é a diferença? Precisa ser determinada por aquilo que o psicanalista pode validar enquanto ocorre a experiência.

Pergunta 2. Quais seriam os aspectos clínicos e psicodinâmicos?

B. Penso que este "delírio somático" se refere ao "soma"[4] total; se for "hipocondríaco", penso que se relaciona àquela parte do soma abaixo do *chondria*.[5] Tem-se abusado tanto de termos como "hipocondríaco", fazendo-o significar que a pessoa é hipocondríaca, portanto, não há nada com ela. Se a pessoa *é* hipocondríaca e se isso é uma descrição correta, então deve-se prestar alguma atenção no local onde está tal coisa.

---

4 Corpo humano. [N.T.]
5 Cartilagem: denominação médica utilizada na época em que a medicina aproveitava radicais gregos para formulações técnicas. [N.T.]

Em inglês, fala-se, "um coração doce" [o termo é traduzido como "namorado"]. Não! Não falei essa palavra em português, falei "um coração doce".[6] Penso que um chinês pode dizer, em termos de enlevo, "meu coração, meu pulmão", significando um namorado ou namorada amada. Por que tais descrições anatômicas? Trata-se de amor hipocondríaco? Ou de amor somático? Devemos atribuir mais importância a tais enunciados? As pessoas que as utilizam as encaram seriamente. Infelizmente, palavras como "amor" ficaram de tal modo desnaturadas que, para as pessoas que se amam mesmo, fica difícil saber qual linguagem *é* usada ou qual é a importância que se deve conferir a alguém que nos diz tais termos. Por que, quando alguém diz "Eu te amo", por vezes sentimos ter sido feita uma afirmação muito importante? Entretanto, em outras ocasiões, não prestamos a menor atenção a isso, pelo menos não mais do que prestaríamos atenção em anúncios de alguma marca nova de algum cereal. Deve haver algo em relação ao qual estamos conscientes, algo que faz com que saibamos os valores básicos de tais palavras e os valores fundamentalmente diferentes, de acordo com seu contexto.

Por isso, é muito importante, em uma psicanálise, ter consciência do contexto no qual palavras, sejam lá quais forem, são faladas.

Frequentemente, sinto que preciso ouvir o paciente por longo tempo; não me sinto disposto a interromper nem frear sua cadeia de pensamentos. No entanto, nos casos em que nada falo, esse fato,

---

6 No original, "*sweetheart*". Houve dificuldade na tradução simultânea. É possível usar termos como "coraçãozinho" ou "coração" para expressar aquilo que Bion tentou dizer, aproveitando duplos significados, cujo sentido depende do contexto e também de várias expressões faciais etc., visíveis em uma sessão de análise. O intuito era demonstrar dificuldade com o uso de uma linguagem que não foi feita para expressar sentimentos, emoções e afetos. Mesmo para quem não ouça a gravação, é visível que Bion percebeu imediatamente a falha. [N.T.]

em si, pode agir como uma interpretação. Um paciente pode dizer: "Doutor, o senhor adormeceu?". O paciente pode estar familiarizado com o fato de que algumas pessoas, aparentemente, estão ouvindo e prestando atenção, mas de fato ficam mentalmente ausentes.

Um chato, um chato bem dotado, pode deixá-lo sem outra escolha a não ser ficar em um estado de ausência de mente; e então essa pessoa diz: "Doutor, está dormindo?". Diante disso, fica-se tentado a dar a seguinte resposta: "Por que eu não estaria?". Trata-se de forma sutil de crueldade a capacidade de ser chato e de exigir atenção plena à chateação. Então, em vez de dar uma resposta um tanto frívola, seria melhor considerar o assunto, chamando a atenção do paciente para os sutis prazeres da crueldade, para a experiência de ser tratado cruelmente; é uma forma básica e primitiva de amor sexual e, portanto, algo que requer atenção.

Nona

Bion. Consideramos que seres humanos se comportam exatamente como se tivessem uma espécie de vontade, um objetivo, um governo. No estudo da célula individual, ou seja, dos indivíduos cujas fronteiras são as mesmas de seu corpo, fez-se tentativas para descrever esse corpo por meio de vários nomes: "mão", "braço", "cabeça", e assim por diante. Entretanto, assim que anatomistas e fisiologistas penetraram mais a fundo no assunto, dizem não saber o que significa "uma mão", já que não sabem onde começa ou termina a tal "mão". Pode-se levar a cabo investigações violentas, operando cortes para retirar um pé, ou uma mão, notando-se então que o indivíduo jamais será o mesmo – caso se retire a cabeça, a mudança fica realmente impressionante. De fato, a ideia popular é de que uma pessoa morta fica muito diferente de uma pessoa viva.

Esse é um problema relativamente simples. Mas anatomistas conhecem "membros fantasmas", "fantasmas" de certas porções do corpo que foram removidas. Entendemos que existe uma explicação óbvia: ocorrem estímulos contínuos dos terminais que, anteriormente, se dirigiam para a parte agora faltante. O problema de um psicanalista é que a ele relatam-se dores que não podem ser vinculadas a estruturas físicas. Nós as denominamos "dores mentais".

O problema existe, em parte, pelo fato de não haver nenhum mapa nem geografia adequados ou mesmo satisfatórios para a mente. Talvez assim seja porque não existe tal coisa – pode ser que a mente seja um invento da imaginação. Mas fica parecendo que não se pode continuar considerando como verdadeira a ideia de que a mente está, de alguma maneira, sujeita às mesmas limitações e às mesmas fronteiras do corpo. A criatura humana pode se comunicar com outros indivíduos por meio do uso de cordas vocais; pode-se disseminar características de um indivíduo para outros indivíduos.

Tornou-se clara a inadequação das tentativas para descrever a mente – por exemplo, alma, superalma. Freud sugeriu os termos id, ego, superego. Jesuítas descreveram um "*arbitrivm*", cuja função revela-se como arbitramento entre partes da mente. O problema permanece aberto; quanto mais o investigamos, mais revemos as teorias existentes.

Indivíduos humanos também são criaturas caçadoras e o fazem em hordas ou grupos, com muitas características de aglomeração; formam aldeias e cidades. No entanto, assim o fazem insetos – como cupins ou formigas – ao construir estruturas extraordinárias, comportando-se como se estivessem conectados. Peixes, baleias, golfinhos têm métodos de comunicação, assim como animais que desistiram do meio aquoso e ocupam o ar. Pássaros que voam parecem fazer evoluções e movimentos em conjunto; em outras épocas, pássaros formaram o que nos parece constituir um padrão – pelo menos sob nossos olhos, os olhos de quem está engajado em rastejar sobre a superfície da terra. Esse padrão inclui uma ponta afunilada, uma forma em cunha, ocupada por uma sucessão de indivíduos em mudança constante. Como é feito isso? Será que o líder fica enviando ordens para todos os voos? Ou estaria o líder representando a direção do voo? (Uso este modelo para representar o problema da mente; quem ou o que decide o curso a ser tomado pelo indivíduo?) Penso na existência de uma barreira, uma cesura, entre a espécie de animal que eu sou e aquela espécie de animal e entre nós e nós mesmos. Até o ponto no qual a situação se refere a nós, torna-se difícil divisar qualquer padrão pelo fato de estarmos tão perto de uma multidão feita por nós mesmos.

Em minhas tentativas de investigar mente, caráter, personalidade ou indivíduo, acredito ser possível ver certo padrão que não é o mesmo padrão do corpo físico. Às vezes, posso detectar um estado curioso no qual o indivíduo é aquilo que tenho de denominar "altamente inteligente". Sou obrigado a tomar emprestadas essas palavras das várias disciplinas para as quais foram inventadas e utilizá-las em uma disciplina diferente, a disciplina envolvida em investigar a mente que supomos existir. Acho que sou capaz de detectar pessoas tão inteligentes, que sabem tanto, que o conhecimento fica demasiadamente espesso e denso; nessas pessoas, torna-se impossível descobrir sabedoria. Soa como um paradoxo; são demasiadamente inteligentes para serem sábias. São pessoas que parecem ser capazes de se tornarem tecnicamente suficientes. Por exemplo, mencionei anteriormente um violinista tecnicamente suficiente, mas incapaz de ser um músico. Até o momento, o animal humano tem sido muito bem-sucedido com aquisições extraordinárias. Um quadrúpede aprende feitos atléticos, como andar sobre suas patas traseiras; a partir daí, vai para atividades técnicas cada vez mais complexas: por exemplo, atividades sexuais. O indivíduo vai se graduando a partir da descoberta simples de sensações em seu próprio corpo até atividades simples, levadas a cabo por dois indivíduos. Pessoas treinadas segundo a religião falam a respeito de duas pessoas tornarem-se uma: um processo que, em inglês, pode ser chamado *"at-one-ment"*. Conhece-se, em inglês, "*atonement*"; as letras alfabéticas são as mesmas em "*at-one-ment*" ou em "*atonement*"; são ordenadas da mesma forma, mas não se trata de uma mesma palavra. Tem sido dito que "*at-one-ment*" é invenção minha. Digo que não é. Quem vai ser o árbitro?

Alguém pode perguntar: "Qual é o resultado de seu exame? O que descobriu após sua dissecção mental da mente humana?". Só posso dizer que essa mesma investigação, levada por mim com a ajuda de outro – geralmente, um paciente –, parece promover crescimento ou desenvolvimento. Então, a verdadeira investigação é um tratamento e uma cura. A discussão não é algo dramático como uma pena capital; uma solução rápida é sempre algo drástico e aparentemente justo. Uma solução final parece ser rápida; soluções reais requerem tempo. O finito não deixa espaço para desenvolvimento; estamos aqui preocupados com algo que requer espaço para o crescimento.

Para ilustrar alguns dos problemas que enfrentamos, tomo como método de descrição uma operação em larga escala: o empenho do 14º Exército Britânico, derrotado em Rangum, em 1942. A fim de apoiar uma guarnição de britânicos em Cingapura, houve deslocamento prévio de dois encouraçados, as armas mais modernas à disposição da Marinha Real. Foram destruídos por caças de mergulho japoneses. Foi um golpe sério; o 14º Exército, abandonado, foi encurralado, quase sem armas nem mesmo botas para calçar; os sobreviventes foram cercados em Imphal.[1] Para comandar as forças sitiadas, escolheu-se um civil engajado nos Cadetes Territoriais – medida que lhe custou intensa reprovação por parte de seus concidadãos civis. Entretanto, essa pessoa gostou do alistamento voluntário, tornando-se oficial regular do exército. Servira no deserto, na guerra contra forças alemãs. Muito a contragosto, foi desmobilizado e enviado para a Índia; nova desmobilização,

---

1 Cidade indiana na região de Manipur. [N.T.]

dessa vez para comandar os remanescentes do Exército Britânico em Imphal: um posto nada invejável, comandar um exército derrotado, desmoralizado e sem espírito guerreiro.

Entretanto, esse civil transformado em soldado disse à tropa que, se havia sido desligada de sua base, se o inimigo a havia cercado em Imphal – como de fato aconteceu –, então esses remanescentes do 14º Exército podiam dizer que haviam cortado os japoneses do Japão. É claro que era apenas uma ideia: uma ficção imaginativa. Entretanto, o caráter, o espírito ou a alma infectou de saúde os sobreviventes, até então em decadência, remanescentes destruídos de um exército. A *ideia*, a ficção de que o inexistente 14º Exército Britânico pudesse ter desligado as forças japonesas do Japão começou a se tornar uma realidade. Os ingleses não podiam mais conseguir equipamentos da Inglaterra, já que a Inglaterra não podia ficar se preocupando com o que ocorria em lugares longínquos, como a Birmânia.[2] Tiveram de encetar uma marcha: não sei sobre o que marchavam; com pés descalços, dificilmente aguentariam o solo tropical birmanês. *É* difícil dizer que marcharam sobre sua própria moral ou sobre seus próprios espíritos, que foram produzidos pela injeção desse amador transformado em profissional chamado general Slim.

Os japoneses, tendo descoberto a chave do código secreto britânico, conseguiam ler todas as mensagens enviadas pelo comandante do exército para os soldados. O general Slim tinha o hábito de pensar. Decidiu continuar usando o mesmo código, sabendo que os japoneses o conheciam. Por meio desse código inteligível para os japoneses, prosseguiu transmitindo mensagens para o flanco esquerdo de seu exército. Naturalmente, os japoneses foram concentrando seus soldados contra o flanco esquerdo de um exército inexistente – outro invento da imaginação. Quando os

---

2 Desde 1989, Mianmar. [N.T.]

japoneses concentraram tropas contra esse flanco esquerdo inexistente, os remanescentes do 14º Exército, agora com os reforços do espírito do general Slim, romperam o flanco esquerdo japonês, agora severamente desguarnecido, derrotando as tropas que não tinham mais ninguém com quem guerrear, além do ar. Enquanto o grosso das tropas japonesas ficava ocupada lutando contra um inverno da imaginação do general Slim, remanescentes reais do 14º Exército ocupavam Rangum,[3] recebendo a rendição do comandante japonês.

O que se pode dizer sobre esse "espírito", essa "alma" ou essa "mente"? É com isso que se supõe que estejamos lidando. Isso existe ou não? Estamos preocupados com um invento de nossa imaginação? Há algo além dessas palavras?

Desconheço qualquer resposta para essas questões – mesmo que soubesse, não lhes contaria. Penso ser importante que a descubram por si mesmos. Quando forem a seus consultórios, amanhã, talvez investiguem esse assunto; talvez possamos descobrir, então, aqui, entre nós, o que é essa coisa que não tem forma nem gosto, nem cor, nada que nossos sentidos possam nos conscientizar. Ao mesmo tempo, pode ser que descubram o que é isso que usam para entrar em contato com esse outro *self* invisível. A mim, parece que se trata de algo suficientemente real, a ponto de deixar espaço para um desenvolvimento dessa "coisa" para a qual não posso encontrar nenhuma linguagem com a qual comunicar a vocês.

Quem ou o que instila espírito em uma horda, fazendo-a desenvolver-se? Que forma toma a nação brasileira? Que forma podemos ver, caso possamos vê-la do mesmo modo que vemos os voos de pássaros? Nossa visão é feita de muito perto, é microscópica, sobre pequeníssima porção do todo. Qual será o padrão real?

---

3 Cidade mais populosa do país; atualmente e na época da batalha. [N.T.]

Milton, em *Aeropagitica*,[4] tentou infundir ideias em seus conterrâneos; hoje, podemos ver mais a respeito do que foram tais ideias, o que aconteceu com elas, o que aconteceu com seus conterrâneos. Quem ou o que vai conduzir esse conjunto para o que estamos tão perto de ver e do que somos uma "célula"? A questão pode ser colocada, de modo idêntico, sobre o indivíduo que mantém um grupo de pensamentos e sentimentos.

Existem demasiados brasileiros para que sejamos capazes de ver uma nação brasileira? Talvez haja alguém que possa escrever a nação ou compô-la musicalmente ou pintá-la. Ou formá-la em um conglomerado similar a um exército, tendo uma estrutura.

O passado é algo quase que totalmente esquecido; nada podemos ver do futuro. Existiria algum visionário que pudesse detectar os gérmens do futuro? O que é um psicanalista? O que faz um psicanalista? No que se tornou? A resposta é a doença da curiosidade e, em última instância, sua destruição. No entanto, a própria questão pode provocar crescimento.

---

4 Significa "sobre a liberdade de publicação de ideias". O termo grego *é* conhecido desde a época de Sócrates; reiterado por São Paulo. Título de um dos mais importantes discursos do poeta John Milton, contra autoridades eclesiásticas dogmáticas. [N.T.]

Décima

Bion. Uma das questões que analistas quase nunca perguntam para si mesmos é: "Quero ser um psicanalista?". Homens e mulheres têm problemas que, pensam, serão "curados" ao procurar um analista para "conseguir a cura". Não se considera a questão de se abraçar a profissão psicanalítica. Assume-se que *se pode* ser analista e, portanto, se *quer* ser. Porém, isso é uma questão em aberto; vale a pena perguntar a si mesmo constantemente. Há outras versões disto: vocês querem ser os analistas daquela pessoa em particular? Gostariam de ter outro paciente? Gostariam de ter outro paciente como aquele último? Pode considerar com qual paciente tiveram uma experiência mais recompensadora. Pode ser uma surpresa encontrarem quais são as mais compensadoras e que tipo de pessoa *vocês* devem ser para gostar tanto daquele tipo de paciente. Isso é outra razão para considerar a questão como aberta; vocês não *param* de aprender algo a respeito de vocês mesmos.

Caso seu sistema nervoso central esteja em razoável estado de funcionamento, seus sentidos vão dar variadas informações. Depois disso, depende de vocês pensar sobre o que querem dizer tais informações. Entretanto, conhecer o significado depende de sua vontade; pode ser que não queiram saber. De modo semelhante, há pacientes que obtêm uma "bela" sensação a partir do som da voz de vocês e, possivelmente, do som da voz deles mesmos. Então, analista e analisando ficam em um debate isento de qualquer sentido por ser sentido como "bonito". O paciente sente algo análogo – em termos físicos – a estar sendo tocado; uma das mentes produz um efeito acariciante e reparador sobre a outra, e a sedução mutuamente gratificante prossegue sem ser observada por nenhum dos dois integrantes, a tal ponto que se esquece do fato de que o paciente veio solicitar auxílio. O paciente esquece; o analista esquece; ficam trancafiados em uma experiência gratificante mútua. Pode passar um longo tempo antes que o paciente se torne consciente do desconforto. Como se ele tivesse acesso a alguma droga soporífera, de tal modo que não pode relatar onde está a dor. Aqui, novamente, é útil mudar o vértice, de tal forma que não se pode ver a dor a partir de uma posição, pode-se conseguir vê-la a partir de outra.

Algumas vezes a história relatada é compreensível, mas não é iluminadora; pode ser útil considerar o que está errado nessa história? Por que um paciente pensa que vale a pena gastar tempo e dinheiro relatando tal história? Por que um paciente pensa que estamos interessados em ouvi-la? Por exemplo, um paciente que esteve frequentando o consultório de um analista durante cinco ou seis anos vai a um hospital para exames físicos. Conta ao pessoal que o atende algo que o analista esteve analisando, do ponto de vista que seria um sintoma hipocondríaco; nesse momento, dizem-lhe que tem uma doença terminal. O paciente solicita uma entrevista com o analista ou talvez solicita que o analista venha ao hospital para vê-lo. O analista adentra a enfermaria, descobrindo então que o paciente está sendo submetido a alguma forma elaborada de tratamento para suas queixas. O paciente jorra vários impropérios, baseado no fato de o analista ter tratado a doença como um sintoma hipocondríaco.

"Se", diz o paciente, "o senhor conhecesse sua profissão, este sintoma poderia ter sido tratado de modo correto muito antes de ter se tornado um caso terminal, sem esperança". À medida que o analista olha para todo o aparato, não há a menor razão para duvidar da verdade dessa afirmação do paciente, ou seja, que a condição em que se encontra é sem esperança; isso parece tudo o que tem de ser dito. O que há de errado nessa história?

Vou tentar dar-lhes uma ideia de como minha mente pode elaborar esse problema. Não digo que sirva para mais ninguém, mas pode ser que os ajude a descobrir uma forma que lhes sirva. Se é verdade que o paciente tem uma doença terminal, o tempo é curto; portanto, deve-se fazer o melhor uso possível desse curto tempo que ainda lhe resta. Se eu sentisse que morreria dali a pouco, acho que não desejaria desperdiçar meu tempo falando a um psicanalista o quão tolo ele é – penso que deixaria que o analista descobrisse isso por si mesmo. Então, por que o paciente queria me ver, como analista, tendo tão pouco tempo disponível? Ou está sendo extremamente pródigo no uso de seu tempo ou existe alguma outra razão para querer me ver. Que outra razão pode existir? Se o paciente sente que eu simplesmente andei dizendo a ele uma série de histórias ridiculamente mentirosas, dificilmente pode querer ouvir mais. Por outro lado, se, como é caso desse paciente específico, a ele foram contadas histórias estúpidas e falsas por um longo período, pode ser que deseje ouvir a verdade. A história de ser uma doença terminal é verdadeira, mas irrelevante. O que importa é que a "terminação" – como o resto de sua vida – pode ser gasta de maneira apropriada.

Há muitas maneiras de se contar mentiras, inclusive aquela que erige aparatos pitorescos, mas inúteis. O paciente pode querer me ver por sentir que jamais lhe contei mentiras; nessa situação desesperada, fica ansioso para ouvir a verdade e para dizer a verdade – incluindo o amor ou o ódio que *realmente* sente.

Li um trabalho psicanalítico em que o autor disse que, em casos em que a morte era certa, o analista devia parar de ficar fazendo interpretações; devia lançar mão de afirmações reasseguradoras e confortadoras. Pessoalmente, não gostaria que ficassem me contando belas histórias psicanalíticas, religiosas ou qualquer outra variedade de sedução agradável e gratificante. Penso que, se jamais tivesse sabido a verdade, gostaria de ouvi-la, em uma situação séria.

Pode-se questionar se algum paciente procura um psicanalista se não considera sua situação como desesperadora; geralmente é um último recurso, quando tudo o mais falhou. Então, apesar das aparências em contrário, o peso das experiências quando um paciente procura um analista sugere que o próprio paciente sente a necessidade de uma injeção poderosa de verdade, mesmo que não goste dela.

Qual seria sua apreciação a respeito do trabalho de um psicanalista? Já fiz a sugestão da pouca serventia no convite para contar mentiras agradáveis sob variadas formas, tampouco gostaria de aterrorizar alguém contando-lhe histórias sobre a possibilidade de abrigar uma doença fatal. Ainda que possa parecer teórico ou mesmo filosófico, penso ser facilitador recorrer ao sentimento de que fui convocado para fazer a pessoa se familiarizar com um aspecto particular da verdade. Tenho noção de que se trata de um enunciado insatisfatório; Bacon sumarizou-o em um ensaio que ficou famoso: "Pilatos, em forma de zombaria, perguntou: 'O que é a verdade?', sem esperar qualquer resposta".[1] Entretanto, penso que a maioria das pessoas sabe o que quero dizer quando falo sobre a segurança em sentir que incidimos o mais próximo possível em verdade. Pelo menos, tornamo-nos parte de honrada companhia composta de cientistas, pintores, músicos e outros artistas; todos

---

[1] Francis Bacon (1625a). Of Truth. In *The Essays*. Ed. J. Pitcher (p. 61). Londres: Penguin Books, 1985. [N.T.]

tentam mostrar algum aspecto do que é verdade. Digo "todos", quero dizer, todos aqueles que pertencem a esta eminente companhia. Existem em abundância imitações de músicos, imitações de pintores e cientistas. Há algo de insatisfatório em imitações, sendo elas insatisfatórias para a própria pessoa, não se requer grande dose de imaginação para supor que *é* insatisfatória para um paciente em situação desesperadora.

A verdade. Com que se parece a verdade? Quem desejaria confrontar-se com representações falsificadas do Paraíso? Seria possível desculpar um agente que nos vende tais confeitos, quando se trata de nosso lar terreno, mas não nosso lar eterno – nosso *self*. Em todo e qualquer trabalho, o primeiro estágio é uma conjectura imaginativa. O engenheiro que está construindo um açude precisa ter uma conjectura imaginativa sobre o local onde um açude desempenha melhor sua função ou onde *é* mais nocivo, caso seja mal construído. Depois, a conjectura imaginativa se torna uma conjectura racional; o plano secundário pode ser mais possível de ser trabalhado do que o primeiro. Em análise, a primeira suposição a respeito do que um paciente quer pode ser substituída por algo que pode ser esboçado em um pedaço de papel. Pergunte a si mesmo o que são esses vários estágios, antes de estar preparado para transformar, em nossa própria mente, essas conjecturas em um quadro daquilo que pensamos ser o efeito do que dissemos àquele paciente em particular.

Penso que uma "grade" (*grid*) revisada – não para substituir o original – seria útil para capacitar um analista praticante a considerar o modo pelo qual "emerge um padrão".[2] Descobri a utilidade de se considerar que os estágios se constituem como conjecturas imaginativas, conjecturas racionais, como imagens pictóricas – o tipo de coisa que se pode ver em sonhos; pode-se "pintá-las" em

---

2 Ver primeira palestra (p. 138).

versão verbal de imagens pictóricas. Podem aparecer nas "grades" que vocês mesmos executam, como parte de um progresso a partir do zero – quando não souberem nada a respeito dos pacientes que atendem –, e um décimo ou centésimo de segundo depois de começarem a ter uma ideia de quem ou do que entrou em seu consultório. Um minuto depois, essa impressão ensombrecida pode se tornar mais sólida, "tridimensional". Podem inventar essa "grade" por si mesmos – que se parece mais próxima de suas experiências reais em análise. Isso também pode ser aplicado a uma conferência ou a um trabalho científico escrito. O critério, se for verdadeiro, também pode ser aplicado. Mas agora seria possível aplicar a algo mais estético, como se estivéssemos engajados em uma obra de arte. Um trabalho científico pode lembrar-nos de pessoas reais; não precisaria ser algo entediante, antiestético, a ponto de se transformar o ato da leitura em uma dor mental. Temos uma tarefa difícil; mesmo os improvisos feitos durante uma análise, a interpretação que fornecemos, seriam melhores caso resistissem à crítica estética. Espero que isso não soe muito como se fosse Satã censurando o pecado[3] – estou bem cônscio de que minhas próprias interpretações, faladas ou escritas, não conseguem passar por esses testes. Entretanto, não há razão para que as interpretações de vocês não passem. Vocês não precisam se limitar pelas limitações de seus conferencistas, professores, analistas, pais. Se fizerem isso, não vão deixar espaço para seu próprio crescimento.

---

3 No original, "*Satan rebuking sin*". Não foi possível a este tradutor localizar alguma versão dos Evangelhos, ou do Velho Testamento, em que algum demônio, ou Satã, tivesse censurado algum pecado; embora haja muitíssimas passagens em que a Divindade judaico-cristã censurava o demônio. Igualmente, não foi possível detectar com certeza a existência de problemas de revisão da versão em inglês, mesmo que essa hipótese seja a mais provável. Por exemplo, se a redação original tivesse contemplado a frase "*Satan's rebuked sin*", ou algo similar. A audição da fita magnetofônica, por questões de qualidade, impediu qualquer conclusão, que não algum engano de revisão. [N.T.]